organização, sistemas e métodos

O selo DIALÓGICA da Editora InterSaberes faz referência às publicações que privilegiam uma linguagem na qual o autor dialoga com o leitor por meio de recursos textuais e visuais, o que torna o conteúdo muito mais dinâmico. São livros que criam um ambiente de interação com o leitor – seu universo cultural, social e de elaboração de conhecimentos –, possibilitando um real processo de interlocução para que a comunicação se efetive.

Taís Pasquotto Andreoli

organização, sistemas e métodos

Fernando Rossini

Rua Clara Vendramin, 58 . Mossunguê
CEP 81200-170 . Curitiba . PR . Brasil
Fone: (41) 2106-4170
www.intersaberes.com
editora@editoraintersaberes.com.br

Conselho editorial
Dr. Ivo José Both (presidente)
Dr.ª Elena Godoy
Dr. Nelson Luís Dias
Dr. Neri dos Santos
Dr. Ulf Gregor Baranow

Editora-chefe
Lindsay Azambuja

Supervisora editorial
Ariadne Nunes Wenger

Analista editorial
Ariel Martins

Capa
Gabriel Czap (*design*)
Bia Wolanski (fotografia)

Projeto gráfico original
Bruno Palma e Silva

Adaptação do projeto gráfico
Sílvio Gabriel Spannenberg

Iconografia
Vanessa Plugiti Pereira

Dados Internacionais de Catalogação na Publicação (CIP)
(Câmara Brasileira do Livro, SP, Brasil)

Andreoli, Taís Pasquotto
   Organização, sistemas e métodos/Taís Pasquotto Andreoli, Fernando Rossini. Curitiba: InterSaberes, 2015. (Série Administração da Produção)

   Bibliografia.
   ISBN 978-85-443-0277-4

   1. Administração de empresas 2. Administração de empresas – Metodologia 3. Desenvolvimento organizacional 4. Mudança organizacional I. Rossini, Fernando. II. Título. III. Série.

15-08471   CDD-658.402

Índice para catálogo sistemático:
1. Organização, sistemas e métodos: Administração de empresas   658.402

Foi feito o depósito legal.
1ª edição, 2015.

Informamos que é de inteira responsabilidade dos autores a emissão de conceitos.
Nenhuma parte desta publicação poderá ser reproduzida por qualquer meio ou forma sem a prévia autorização da Editora InterSaberes.
A violação dos direitos autorais é crime estabelecido na Lei n. 9.610/1998 e punido pelo art. 184 do Código Penal.

sumário

como aproveitar ao máximo este livro   9

apresentação   13

capítulo 1
Introdução à área de Organização, Sistemas e Métodos (OSM)   17

Notas introdutórias sobre a área de Organização, Sistemas e Métodos (OSM)   17

Perfil do profissional de OSM   20

capítulo 2
Sistemas e suas atividades   29

Definição de sistemas   29

Estrutura e partes constituintes de um sistema   30

Funções dos sistemas   34

capítulo 3
Abordagem dos sistemas   41

Teoria geral dos sistemas (TGS)   41

Cibernética   42

Teoria matemática da administração   44

A abordagem clássica   44

A abordagem sistêmica   48

Importância e impacto da abordagem sistêmica   52

capítulo 4

Sistemas de informação organizacional   63

Conceito de sistemas de informação organizacional   63

Modelo de sistema de informação organizacional   64

Conhecimentos necessários para a implementação de um sistema de informação organizacional   67

Tecnologia e informática no sistema de informação organizacional   68

Importância do sistema de informação organizacional   69

Fortalecendo o sistema de informação organizacional   71

capítulo 5

Organizações e suas atividades   79

Conceito de organizações   79

Elementos constituintes das organizações   81

Classificação das organizações   81

Imagens das organizações   88

Razão de existência   92

capítulo 6

Organizando as organizações   99

Funções das organizações   99

Organização vertical e horizontal   102

capítulo 7

Estruturas organizacionais   119

Teoria neoclássica da administração   119

Estrutura organizacional   120

Tipos de estruturas organizacionais   122

Downsizing   129

Terceirização (*outsourcing*)   129

capítulo 8
Processos e cadeia de valor 139

Processos 139

Visão tradicional (vertical) *versus* visão sistêmica (horizontal) 142

Administração de processos 143

Cadeia de valor 143

capítulo 9
Métodos 151

Etapas da metodologia 152

Seleção e reconhecimento do sistema 153

Estudo de viabilidade e de alternativas 155

Levantamento e análise da situação atual 156

Delineamento e estruturação do novo sistema 158

Detalhamento do novo sistema 159

Treinamento, teste e implementação do novo sistema 160

Acompanhamento, avaliação e atualização 161

capítulo 10
Manuais e normas de serviço 167

Manuais 167

Roteiro para a elaboração do manual 171

Tipos de manuais 172

para concluir... 179

referências 181

respostas 187

sobre os autores 193

Como aproveitar ao máximo este livro

Este livro traz alguns recursos que visam enriquecer seu aprendizado, facilitar a compreensão dos conteúdos e tornar a leitura mais dinâmica. São ferramentas projetadas de acordo com a natureza dos temas que vamos examinar. Veja a seguir como esses recursos se encontram distribuídos no decorrer desta obra.

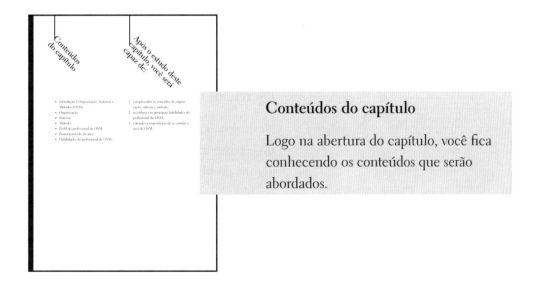

Conteúdos do capítulo

Logo na abertura do capítulo, você fica conhecendo os conteúdos que serão abordados.

Após o estudo deste capítulo, você será capaz de:

Você também é informado a respeito das competências que irá desenvolver e dos conhecimentos que irá adquirir com o estudo do capítulo.

Síntese

Você dispõe, ao final do capítulo, de uma síntese que traz os principais conceitos nele abordados.

Exercícios resolvidos

Nesta seção a proposta é acompanhar passo a passo a resolução de alguns problemas mais complexos que envolvem o assunto do capítulo.

Questões para revisão

Com estas atividades, você tem a possibilidade de rever os principais conceitos analisados. Ao final do livro, os autores disponibilizam as respostas às questões, a fim de que você possa verificar como está sua aprendizagem.

Questões para reflexão

Nesta seção, a proposta é levá-lo a refletir criticamente sobre alguns assuntos e trocar ideias e experiências com seus pares.

Para saber mais

Você pode consultar os conteúdos indicados nesta seção para aprofundar sua aprendizagem.

apresentação

Em tempos de profissionalização e especialização cada vez maior das empresas, trabalho compartilhado e inovação distribuída com participação de parceiros e clientes, formação de redes e de cadeia de valor, é necessário que as organizações estejam prontas para receber todas essas novidades de forma organizada e estruturada.

Para isso, o gestor deve compreender os diferentes sistemas que regem o funcionamento de uma organização, bem como o relacionamento das diferentes áreas e a comunicação entre elas. O administrador também precisa saber organizar os recursos de maneira que o melhor de cada um deles seja aproveitado, criando métodos claros e de fácil entendimento para que todos possam seguir na mesma direção.

Os fundamentos da área de Organização, Sistemas e Métodos (OSM) vêm sendo constantemente aprimorados, seja por meio da informatização de processos, seja pelo compartilhamento de informações. Isso significa que o aprofundamento nessas questões, mais que uma obrigação dos gestores, é uma possibilidade de encontrar novas soluções para antigos problemas.

O estudo das teorias pertinentes ao tema e de casos de aplicação e exercícios de aprimoramento permitem um alto grau de especialização e conhecimento.

Este livro traz os principais conceitos de OSM de uma forma organizada, que permite aos estudantes e gestores compreender os modelos e formatos que melhor se adéquam a cada situação.

No Capítulo 1, apresentamos as definições básicas do que é sistema, organização e método, bem como o perfil do profissional dessa área e as principais habilidades que se esperam dele.

No Capítulo 2, que trata especificamente sobre sistemas, você é convidado a conhecer as premissas e a estrutura que compõem um deles, desde seu objetivo até às saídas que ele proporciona e sua retroalimentação, passando pelas entradas e processamentos inerentes a um sistema.

Já no Capítulo 3, apresentamos a teoria geral dos sistemas, a cibernética, a teoria matemática da administração e a abordagem sistêmica. Ainda nesse capítulo, você encontrará detalhes sobre a abordagem clássica e a abordagem sistêmica, para saber diferenciar uma da outra e poder identificar qual modelo está em utilização nas empresas. Por fim, demonstramos o impacto e a importância da abordagem sistêmica nas organizações.

O sistema de informações organizacional é apresentado no Capítulo 4, juntamente com seus modelos, conhecimentos necessários, tecnologia e importância.

O Capítulo 5 aborda a organização e suas peculiaridades – os conceitos, as classificações, a imagem transmitida e, por fim, a razão de sua existência.

Logo no início do Capítulo 6, convidamos você a conhecer as funções da organização (*planejar, organizar, liderar* e *controlar*) e os detalhamentos da função *organizar* na dinâmica empresarial.

No Capítulo 7, expomos as estruturas organizacionais a partir da teoria neoclássica de administração e dos tipos de estrutura organizacional, explicados em suas características, vantagens, desvantagens e aplicações. Os conceitos de *downsizing* e terceirização (*outsourcing*) também são apresentados nesse capítulo.

A definição e a administração de processos, as diferenças entre as visões horizontal e vertical e a cadeia de valor são os temas do Capítulo 8.

No Capítulo 9, você encontrará as definições de métodos, bem como as etapas, os benefícios e a condução de uma metodologia adequada ao sistema de trabalho desenvolvido pela organização.

Por fim, no Capítulo 10, apresentamos os manuais e as normas de serviços e demonstramos como diferenciar os tipos de manuais, com um roteiro simplificado para a construção de um documento dessa natureza.

Esperamos que a obra lhe seja de grande utilidade e lhe traga conhecimentos na área de organização, métodos e sistemas, ajudando-o em sua formação gerencial.

capítulo

1

Fernando Rossini

Conteúdos do capítulo

- Introdução à Organização, Sistemas e Métodos (OSM).
- Organização.
- Sistema.
- Método.
- Perfil do profissional de OSM.
- Posicionamento da área.
- Habilidades do profissional de OSM.

Após o estudo deste capítulo, você será capaz de:

1. compreender os conceitos de organização, sistema e método;
2. reconhecer as principais habilidades do profissional de OSM;
3. entender a importância de se estudar a área de OSM.

Introdução à área de Organização, Sistemas e Métodos (OSM)

Neste capítulo, mostraremos a importância do estudo da área de Organização, Sistemas e Métodos (OSM). Qual é a relevância, desses três elementos numa empresa? Por que é preciso tratar desse assunto em uma organização? Qual é o perfil desejado e as habilidades necessárias de um profissional de OSM?

1.1
Notas introdutórias sobre a área de Organização, Sistemas e Métodos (OSM)

Você já parou para pensar como seria se uma empresa não tivesse o mínimo de ordem? Como seria se ela não contasse com uma hierarquia, uma organização? Imagine se cada funcionário fizesse o que bem entendesse, da forma que quisesse, na hora em que lhe "desse na telha"? A organização, os sistemas e os métodos existem para evitar que isso aconteça nas empresas. Trata-se das ferramentas encontradas pelos gestores para que os procedimentos adotados pelos integrantes do empreendimento tenham direcionamento adequado.

Além disso, como veremos mais à frente, essa dinâmica não se aplica somente às empresas. A palavra *sistema*, por exemplo, tem origens na área da biologia. O processo explicado mais adiante, de entrada (*input*), processamento e saída (*output*), pode ser encontrado, por exemplo, no funcionamento de uma árvore, que absorve dióxido de carbono na natureza, processa e libera oxigênio de volta ao meio ambiente, realizando a fotossíntese. Muitas vezes seguimos as teorias de OSM até mesmo em nossas casas, com nossas famílias. Em outras palavras, a área de OSM está presente em vários aspectos de nosso cotidiano – basta sabermos identificar as situações em que podemos aplicar essas teorias. Por isso, neste capítulo, apresentaremos um resumo dos termos que serão abordados no decorrer da obra e traçaremos o perfil do profissional dessa área, para que as pessoas que se identifiquem possam entender a importância do que fazem ou estudam.

1.1.1 Organização

Você abre seu guarda-roupa e olha o que tem lá dentro. Da esquerda para a direita, todas as blusas estão organizadas em uma escala de cores, das mais claras para as mais escuras, das menores para as maiores. Para encontrar a que você procura, basta olhar para o "setor" no qual ela deve ficar, com base no critério de ordenação estabelecido. Já o guarda-roupa do seu irmão é o oposto: todas as roupas estão misturadas com um critério que você não entende e não faz ideia de como encontrar qualquer peça que esteja ali dentro. Porém, de uma forma que você simplesmente não consegue compreender, em menos de 10 segundos seu irmão é capaz de pegar qualquer roupa solicitada. Como isso acontece?

Cada pessoa tem um modo de organizar as coisas. Agora, imagine isso dentro do ambiente organizacional. E se cada um resolvesse organizar o arquivo que contém as fichas dos clientes de sua maneira? E se cada diretor resolvesse montar uma estrutura diferente de funcionários, cargos e salários? Evidentemente que esses arranjos não dariam certo, e é aqui que chegamos à organização. Definida por Oliveira (2002) como a forma pela qual os recursos e as atividades da empresa são ordenados e agrupados para que os objetivos empresariais sejam alcançados, a organização é uma das quatro funções básicas inerentes à carreira de um administrador. Conhecer a melhor forma de organizar a estrutura, os procedimentos e departamentos de um empreendimento é o melhor caminho para aproveitar ao máximo os recursos de uma organização e fazê-la caminhar rumo às suas metas.

Importante

A organização é apenas uma das funções de um administrador. Ao lado dela, temos também o planejamento, a decisão (ou implementação) e o controle.

1.1.2 Sistema

Você já deve ter percebido que esta palavra – *sistema* – está ligada a vários elementos diferentes: sistema respiratório, sistema digestivo, sistema de informação, sistema de cotas, e por aí vai. Por que essa palavra está tão presente em nossas vidas?

Apresentaremos mais à frente os conceitos relacionados ao termo; mas, resumindo de forma bastante simples, temos um sistema toda vez que dois ou mais elementos interagem. Esses elementos podem influenciar ou ser influenciados um pelo outro, assim como podem influenciar ou ser influenciados pelo ambiente no qual estão inseridos.

Estudamos sistemas por diversos motivos, mas o principal deles, certamente, é para elaborarmos uma técnica por meio da qual os gestores possam lidar com a empresa, independentemente de seu porte. Da mesma forma que o corpo humano é um sistema gerido por diversos microssistemas (ou subsistemas), uma organização também o é, e o mau funcionamento de um desses sistemas pode causar uma falência múltipla, tanto dos órgãos do corpo humano quanto do empreendimento.

Além disso, por meio do estudo dos sistemas, podemos enxergar a empresa como um todo, cujas partes podem ser analisadas no que se refere ao seu funcionamento e interação.

1.1.3 Método

Para chegar a um lugar, precisamos estabelecer o melhor caminho. Para isso, evidentemente precisamos ter conhecimento sobre outras variáveis. Por exemplo: Qual é o conceito de "melhor caminho"? É o mais rápido? O menos trabalhoso? O mais seguro?

O caminho escolhido por nós para chegar ao nosso destino final, ao nosso objetivo, é o que chamamos de *método*, conforme explicaremos adiante mais detalhadamente. Assim como a palavra *sistema*, o *método* também está presente em diversos aspectos de nossas vidas, não só na gestão. Usamos esse termo com certa frequência no dia a dia. Determinar, em uma estrutura organizacional, métodos claros pode significar a diferença entre ter ou não ter o controle sobre o que acontece dentro da empresa. Sabemos da importância de uma organização não depender somente de um gestor ou funcionário específico, uma vez que, na ausência dele, tudo pode parar, ocasionando problemas sérios. Por isso, o estabelecimento de métodos de trabalho bem definidos, como mostraremos no decorrer do livro, pode ser fundamental para o sucesso ou pelo menos para a viabilização de análises sobre os eventuais fracassos de um negócio.

1.2
Perfil do profissional de OSM

Para entendermos o perfil do profissional de OSM, primeiramente precisamos conhecer a organização da empresa em que ele exerce suas funções. Sabemos que cada negócio estrutura seus processos e métodos de formas diferentes, razão por que é difícil estabelecer um só perfil para esse profissional, o que muitas vezes dificulta a análise. Entretanto, algumas capacidades e habilidades são inerentes a todos os profissionais, independentemente da forma como a área de OSM atua dentro do empreendimento.

É importante ressaltarmos que, para que os resultados sejam obtidos com maior facilidade e sejam consistentes, a área de OSM não deve ser conduzida por três ou quatro funcionários que se reúnem periodicamente e depois comunicam os demais colaboradores acerca das decisões tomadas. Para Oliveira (2009), essa área deve ser implementada como uma filosofia a ser vivenciada por toda a organização, se possível, dentro de um processo colaborativo no qual todos façam parte do processo de tomada de decisão sobre o caminho que a empresa seguirá e de que forma esse trajeto se desenvolverá. Acreditamos que, quanto maior o entrosamento entre as unidades organizacionais da empresa, maior a qualidade e a facilidade de implementação de tudo o que foi elaborado, uma vez que todos os colaboradores trabalharão incansavelmente para que o dia a dia do empreendimento ocorra de acordo com o preestabelecido no que diz respeito aos sistemas, aos métodos e à organização. Nesse sentido, além de sugerir melhorias para que os processos internos estejam sempre atualizados e extraindo o máximo da capacidade de cada um, todos poderão também ajudar a corrigir falhas e adaptar procedimentos que, apesar de funcionarem na teoria, não se encaixam na cultura organizacional da empresa.

1.2.1 Posicionamento da área de OSM

Como já mencionamos, cada empresa toma decisões em relação à forma como a área de OSM se relaciona com outras unidades organizacionais. Algumas empresas determinam que essa área deve atuar como um setor de assessoria e suporte às áreas gerenciais; outras subordinam esse departamento diretamente à diretoria-geral ou à presidência da organização; ainda existem aquelas que criam um departamento de processos cuja função é definir de que forma os sistemas, os métodos e a organização do negócio devem funcionar. Todas essas opções podem trazer resultados satisfatórios para o empreendimento, desde que esse departamento tenha autonomia na tomada de decisões e estas sejam devidamente compartilhadas com todos os colaboradores, que devem compreendê-las, aceitá-las e colocá-las em prática a partir de então. Maximiano (2000) destaca que muitas organizações que necessitam passar por um processo de mudança têm dificuldade quando é solicitado aos colaboradores que estes saiam de sua área de conforto. O "boicote" muitas vezes impede que a área de OSM consiga alcançar os objetivos traçados, uma vez que o caminho escolhido para chegar até eles é cheio de desvios e atalhos criados e utilizados pelos funcionários, prejudicando o planejamento da empresa.

1.2.2 Habilidades do profissional de OSM

Por ser uma área de conhecimento extremamente técnico, o profissional de OSM deve apresentar habilidades consideradas fundamentais para o cargo, de acordo com o exposto por Oliveira (2009):

- **Saber levantar dados e analisar, elaborar e implementar sistemas administrativos** – Com a profusão de informações que temos hoje, esse profissional precisa ter conhecimento para saber encontrar o que realmente precisa em boas fontes. Mais que isso, precisa ter conhecimento para analisar e contextualizar essas informações, que por si sós não podem ser utilizadas como base da tomada de decisão. Por fim, é uma habilidade imprescindível para esse profissional expor, em relatórios gerenciais, apresentações ou por meio de sistemas, os resultados da pesquisa e a interpretação das informações coletadas.
- **Dominar a utilização de programas, *softwares*, aplicativos, processos, métodos e técnicas de análises administrativas** – Com a informatização das empresas, é essencial que o profissional de OSM saiba operar os principais programas da área, bem como se adaptar rápida e facilmente a programas novos que surgem com o passar do tempo. Constante atualização e interesse em novidades que possam trazer vantagem competitiva na implementação de sistemas também são diferenciais para esse profissional.
- **Saber reunir ideias de forma lógica, linear, clara e didática** – As decisões tomadas pelo profissional em questão serão seguidas diária e sistematicamente por todos os colaboradores da empresa. Por isso, ele de ter a capacidade de elaborar materiais que sejam compreensíveis a todos, desde os funcionários mais graduados da parte estratégica da empresa até os colaboradores que desempenhem funções estritamente operacionais. O poder de concisão na formulação de relatórios e apresentações, a objetividade em reuniões e o didatismo são características próprias dos melhores profissionais de OSM.

- **Conhecer as ferramentas disponíveis na empresa** – De nada adianta o profissional conhecer dezenas de ferramentas e sistemas se estes não estão disponíveis na empresa em que ele trabalha. Todas as decisões tomadas pelo departamento de OSM devem ser aplicáveis, exequíveis e passíveis de alteração, caso necessário. Assim como todas as outras questões pertinentes ao planejamento e à administração da organização, de uma maneira geral o resultado do trabalho desse profissional deve ser rígido, sim, em sua execução, porém flexível a ponto de permitir mudanças caso o ambiente – seja interno, seja externo – assim demande.

Além desse conhecimento técnico, é importante que o profissional de OSM tenha uma grande capacidade de relacionamento interpessoal, uma vez que sua profissão consiste basicamente em convencer as pessoas a seguirem procedimentos determinados por seu setor. Por isso, nunca podemos esquecer que é necessário que os colaboradores acreditem nas ideias propostas pela área de OSM e entendam que seguir os procedimentos adotados é uma iniciativa de extrema importância para o prosseguimento das atividades da empresa. Saber fazer os colegas "comprarem a ideia" e a colocarem em prática é a grande habilidade desse profissional. Outra característica essencial do profissional de OSM é a capacidade de se adaptar aos mais diversos ambientes e principalmente à cultura organizacional do negócio. O bom profissional consegue identificar até que ponto vale a pena implementar determinado procedimento, evitando ao máximo os descontentamentos e a desmotivação dos funcionários, que podem achar que a série de processos desencadeados pelas decisões da área de OSM irá gerar única e exclusivamente burocracia, a qual não tem aplicação prática, e inviabilização do trabalho cotidiano.

Muitas empresas menosprezam a importância de realizar o trabalho de OSM juntamente à área de recrutamento, seleção e recursos humanos, no sentido de transformar decisões gerenciais em cultura da empresa. Outras organizações ainda tardam a perceber que esse tipo de postura e essa filosofia devem ser seguidos e implementados de cima para baixo, ou seja, todos os colaboradores devem estar envolvidos, inclusive e principalmente os gestores da alta hierarquia, que podem, por meio do exemplo, mostrar aos demais colaboradores que a rejeição a decisões acerca de processos e procedimentos implicará uma grave quebra de protocolo organizacional, que ocasionará consequências negativas.

Síntese

Apresentamos nesse capítulo uma rápida introdução sobre a área de Organização, Sistemas e Métodos (OSM). Demonstramos a importância de cada um desses itens para que a empresa não se transforme em um ambiente confuso, no qual cada um toma suas decisões quando, por quê, como e na hora que quiser. Mostramos que das decisões do profissional dessa área devem ser emanadas as bases para o funcionamento da empresa, que seguirá protocolos, processos e procedimentos preestabelecidos, visando à maximização da potencialidade de todos os seus recursos, sempre com foco no atingimento de todos os objetivos, sejam os da corporação, sejam os departamentais. Explicamos os três elementos de OSM: um sistema é um conjunto de elementos que interagem; o método é o caminho a ser seguido pela empresa; e a organização é a forma como o negócio se constitui, alocando, agrupando e encaminhando recursos para cada área, atividade ou finalidade específica. Em seguida, descrevemos o profissional de OSM, que deve ser organizado, atualizado e capaz de obter informações, processá-las e utilizá-las em suas decisões, que devem ser compreendidas e aceitas por todos os colaboradores, os quais, por sua vez, deverão enxergar nessa área não uma burocracia desnecessária, mas sim uma filosofia a ser seguida.

Por fim, discutimos sobre a necessidade do projeto de OSM ser feito de acordo com os recursos e a cultura organizacional de cada empresa, para que todas as especificidades – do ambiente externo ou interno – sejam respeitadas e o DNA da empresa esteja presente nas decisões, a fim de que não haja uma descaracterização da história ou até mesmo da capacidade de diferenciação do empreendimento em virtude de um procedimento qualquer.

Exercícios resolvidos

1. Qual é a importância de se estudar a área de OSM?

A área de OSM deve ser estudada para que uma empresa possa se conhecer e, com base nisso, extrair o máximo de suas potencialidades, atingindo seus objetivos por meio da interação entre os elementos (sistemas), o caminho escolhido para chegar a esse objetivo (métodos) e a forma como o empreendimento se estruturou e alocou seus recursos e capacidades (organização).

2. Quais são as principais habilidades de um profissional de OSM?

Levantar dados, processar e apresentar informações, dominar *softwares*, programas e aplicativos, manter-se atualizado acerca de recursos inerentes à área de OSM, ter capacidade de relacionamento interpessoal, adaptar-se à cultura e aos recursos disponibilizados pela empresa e reunir ideias de forma clara, didática, organizada e linear.

3. O profissional da área de OSM deve sempre ter um padrão de trabalho a ser aplicado a qualquer empresa, independentemente da estrutura que o negócio tiver, de sua cultura organizacional, de seus recursos e objetivos, pois existe um sistema que se sobrepõe a esses fatores e o método e a organização deverão segui-lo, mesmo que haja especificidades da empresa ou do setor:

( ) Verdadeira

(×) Falsa

Essa questão é falsa, porque o profissional de OSM deve se adaptar à cultura e às condições do local no qual irá trabalhar. Ter um padrão de atuação fechado não permitirá que ele coloque em prática todas as suas ideias.

Questões para revisão

1. É importante que o profissional de OSM tenha a capacidade de estabelecer bom relacionamento interpessoal, uma vez que sua função consiste em basicamente convencer as pessoas a seguirem procedimentos determinados por seu setor. Essa afirmação é:

( ) Verdadeira

( ) Falsa

2. "Dois ou mais elementos interagindo e transformando um insumo em um produto final". Podemos aplicar essa definição a:

a) sistemas.

b) métodos.

c) organização.

d) empresas.

e) Nenhuma das alternativas anteriores está correta.

3. Dos textos a seguir, qual pode definir melhor o conceito de *organização*?

a) A forma pela qual os recursos e as atividades da empresa interagem, transformando insumos e produtos e maximizando os resultados, tanto do ponto de vista da empresa quanto do ponto de vista do consumidor final.

b) A forma pela qual os recursos e as atividades da empresa são ordenados e agrupados para que os objetivos dos concorrentes sejam atingidos.

c) A forma pela qual os recursos e as atividades dos fornecedores são ordenados e agrupados para que os objetivos da organização sejam atingidos.

d) A forma pela qual os recursos e as atividades da empresa não são ordenados e agrupados para que os objetivos do empreendimento sejam alcançados.

e) A forma pela qual os recursos e as atividades da empresa são ordenados e agrupados para que os objetivos do negócio sejam alcançados.

4. Por que a habilidade de relacionamento interpessoal é tão importante aos profissionais de OSM?

5. Qual é a posição ideal da área de OSM em relação às outras unidades organizacionais da empresa?

Questões para reflexão

1. Qual é a importância da área de OSM dentro de uma organização?

2. Como deve se preparar o profissional de OSM para obter sucesso em sua carreira?

Para saber mais

Para o profissional de OSM, é fundamental conhecer ferramentas *on-line* de processo disponibilizadas na internet. Uma das mais utilizadas pelos profissionais é a Bizagi, que pode ser adquirida gratuitamente no seguinte endereço: <http://www.bizagi.com>.

capítulo

2

Taís Pasquotto Andreoli

Conteúdos do capítulo

- Sistemas.
- Premissas.
- Estrutura e partes constituintes.
- Objetivos.
- Entradas.
- Processamento.
- Saídas.
- Retroalimentação.
- Ambiente.
- Funções.

Após o estudo deste capítulo, você será capaz de:

1. entender o conceito de *sistema* desde sua origem até sua evolução, apreendendo as premissas necessárias para sua caracterização;
2. reconhecer a composição dos sistemas, entendendo quais são e que funções desempenham suas partes constituintes;
3. determinar as funções básicas dos sistemas e sua importância na atuação organizacional.

Sistemas e suas atividades

Neste capítulo, abordaremos a temática dos sistemas e suas atividades. Mas o que é um sistema? Quais são as premissas que caracterizam um sistema? Como se estrutura e quais são suas partes constituintes? Quais são as variáveis envolvidas em sua atuação e para que servem? Vamos lá.

2.1
Definição de sistemas

A palavra *sistema* tem origem grega, *synístanai*, que significa "colocar junto". De acordo com Chiavenato (2011), *sistema* é um conjunto de elementos interagentes e interdependentes que formam um todo unificado, com o objetivo de atingir um resultado. Em outras palavras, um sistema pode ser definido como a somatória de dois ou mais elementos, chamados de *subsistemas*, que interagem – e, por isso, têm relação de mútua dependência – para alcançar um propósito em comum. Além disso, todo sistema desempenha determinada função em um sistema maior (ambiente).

2.1.1 Premissas

As premissas para a caracterização de um sistema decorrem da própria definição de *sistema*. São quatro:

1. Um sistema deve englobar um conjunto de dois ou mais elementos ou subsistemas.
2. Esses elementos devem se relacionar, influenciando-se mutuamente e mantendo relações de interdependência entre si.
3. Essa interação entre os elementos deve acontecer com o objetivo de alcançar um propósito em comum.
4. O conjunto de elementos deve estar inserido em um meio ou ambiente no qual desempenha determinada função.

Portanto, para compor um sistema, não é apenas necessário que haja mais de um elemento, mas também que eles interajam, coordenando-se e unindo-se para desempenharem seu papel no ambiente em que estão inseridos.

Nesse sentido, podemos afirmar que todo sistema se contrai, somando partes menores que, em uma relação de interdependência, interligam-se em torno de um objetivo comum. A quantidade de subsistemas está diretamente relacionada à complexidade do sistema, que, por sua vez, impacta de forma direta na necessidade de coordenação. Isso significa que, quanto mais subsistemas existirem em um sistema, maior será sua complexidade, e, por isso, maior esforço de coordenação será demandado para que possa existir harmonia entre as partes. Uma organização, por exemplo, é composta de suas áreas funcionais, como os setores de *marketing*, produção, financeiro, recursos humanos, entre outros. Quanto maior for essa departamentalização, maior será a necessidade de integração e coordenação interna.

Da mesma forma, todo sistema também se expande, fazendo parte de um todo maior, um meio ou ambiente no qual está inserido. As partes menores e maiores de um sistema ficam mais fáceis de serem visualizadas quando é abordada sua estrutura, temática do nosso próximo tópico.

2.2
Estrutura e partes constituintes de um sistema

Os sistemas são compostos de entradas (*inputs*), processamento, saídas (*outputs*) e subsistema de retroalimentação (*feedback*), além do objetivo e do ambiente em que atuam. De maneira geral, os sistemas precisam de elementos de entrada (*inputs*) que, combinados, são processados e transformados em saídas (*outputs*), ou seja, nos produtos finais que são disponibilizados no ambiente.

Figura 2.1 – Estrutura e partes constituintes do sistema

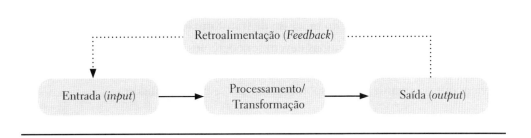

2.2.1 Objetivo de um sistema

Todo sistema tem um propósito, um objetivo ao qual deve atender. Trata-se da finalidade do sistema, sua razão de existência.

Um sistema de produção, por exemplo, tem como objetivo o atendimento do mercado consumidor da organização. Para isso, o processo de produção deve desenvolver e fabricar os produtos de acordo com o que os consumidores estão buscando.

2.2.2 Entradas (*inputs*)

O sistema precisa de elementos de entrada, que, ao passarem pelo processamento, são transformados nos resultados desejados. Esses elementos de entrada são buscados no ambiente em que o sistema está inserido.

Dentro dos sistemas produtivos, as entradas necessárias para seu funcionamento são classificadas como *insumos produtivos*, que consistem em tudo aquilo que é necessário para a transformação de um produto final – por exemplo, mão de obra (capital humano), dinheiro (capital financeiro), matérias-primas, máquinas e instalações (capital físico), entre outros.

2.2.3 Processamento

O processamento ou processo de transformação é responsável pela conversão dos elementos de entrada em elementos de saída. Portanto, incluem-se nesse caso todas as atividades necessárias para que haja a produção de fato dos resultados desejados pelo sistema.

No caso dos sistemas de produção, o processamento se refere à função da produção em si, da transformação dos insumos produtivos em produtos finais, que serão comercializados no mercado consumidor.

2.2.4 Saídas (*outputs*)

As saídas são o produto final do processo de transformação, o resultado de fato buscado pelo sistema. Essas saídas devem ser coerentes com o objetivo do sistema.

Em relação aos sistemas de produção, são saídas do processamento os bens e serviços que as organizações disponibilizam aos seus consumidores.

2.2.5 Retroalimentação (*feedback*)

Ao término do processo de transformação de entradas em saídas, diversas informações sobre o andamento desse procedimento são disponibilizadas, bem como dos resultados obtidos nele. De posse dessas informações, é possível estabelecer uma comparação entre o planejamento e a execução do sistema, ou seja, entre o que foi traçado previamente e o que foi de fato realizado. Se o obtido nesse processo for igual ou maior do que o planejado, a estratégia é de apenas manutenção das políticas e do método empregados. Em contrapartida, se o resultado final for menor do que o previsto pelo sistema, devem-se levantar as possíveis falhas, a fim de se identificarem as mudanças necessárias.

Isso significa dizer que as informações disponíveis servem de retroalimentação no processo, fornecendo, ao término, respostas sobre seu funcionamento geral, e, mais importante, podem (e devem) ser novamente aplicadas no início do ciclo. A retroalimentação consiste, assim, em uma ferramenta de manutenção e controle e de informações referentes à *performance* do sistema.

Ao término de um ciclo de processamento de um sistema de produção, por exemplo, estão disponíveis várias informações relacionadas ao procedimento. Vamos supor que um produto esteja com defeito ou com qualidade inferior à buscada pela organização. As informações devem ser analisadas para que as falhas que ocorreram nesse processo sejam identificadas. Com isso, é possível que as mudanças necessárias sejam propostas e implementadas no processo, no início do novo ciclo, corrigindo e melhorando o processamento.

2.2.6 Ambiente

O ambiente se refere ao sistema maior ou ao meio no qual o sistema está inserido e, como vimos anteriormente, consiste no lugar que provê as entradas para os sistemas e no qual são lançadas suas respectivas saídas. Por ser necessária a realização dessas trocas, o sistema se relaciona a todo momento com o ambiente, influenciando-o e sendo influenciado por ele. Sendo o sistema dependente do ambiente, é necessário que o primeiro busque uma adaptação contínua ao segundo e monitore as ameaças e oportunidades impostas por ele.

No caso dos sistemas de produção, devemos analisar constantemente o ambiente em que a organização está inserida para detectarmos as forças que interferem na sua atuação, sejam elas positivas, sejam negativas. Nesse sentido, Porter (1980) divide o ambiente de atuação das organizações em macroambiente e ambiente setorial. Como os próprios nomes sugerem, o *macroambiente* consiste no ambiente maior de atuação das organizações, enquanto o *ambiente setorial* se refere ao setor de atuação direta das empresas. São exemplos de influências do macroambiente organizacional aquelas provenientes do governo, da sociedade e do meio ambiente. Em relação ao ambiente setorial, podemos citar como possíveis interferências aquelas advindas dos consumidores, dos fornecedores e dos concorrentes.

Dessa forma, podemos visualizar a estrutura dos sistemas em uma divisão entre o ambiente interno, com seus subsistemas, e o ambiente externo, com o ambiente setorial e o macroambiente.

Figura 2.2 – Ambiente, sistema e subsistemas

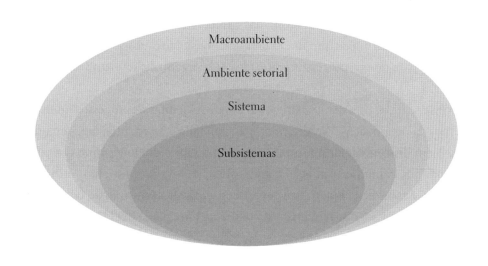

Dica
Para saber mais sobre a influência do ambiente na atuação organizacional, leia, no Capítulo 3 desta obra, "Abordagem dos sistemas", o tópico 3.5, "A abordagem sistêmica".

2.3
Funções dos sistemas

São vários os tipos de sistemas e, por isso, também são variadas suas funcionalidades. Neste livro, abordaremos de forma mais aprofundada os sistemas de informação gerenciais (SIG), fundamentais para a tomada de decisão organizacional.

Dica
Para saber mais sobre os sistemas de informação gerenciais (SIG), leia o
Capítulo 4 desta obra.

Independentemente de seu direcionamento, os sistemas dispõem de algumas funções básicas, principalmente ligadas à organização e coordenação de esforços, recursos e pessoas. Dessa forma, a principal função (ou mesmo contribuição) dos sistemas é garantir a sinergia nas práticas organizacionais.

O conceito de sinergia propõe que o todo é maior do que a soma das partes. Isso significa que, por exemplo, se somarmos o trabalho individual de dez pessoas, o resultado dessa somatória será menor do que se elas estivessem trabalhando juntas. Isso acontece porque, ao trabalharem juntas, de forma integrada, as pessoas compartilham informações e trocam conhecimentos, assim como eliminam a repetição de tarefas e a possibilidade de retrabalho. Esse conceito evidencia a importância das partes menores, que impactam diretamente no resultado final, sendo fundamental que estejam alinhadas e integradas para o êxito da realização das metas. Dessa forma, ao proporcionar a integração dos subsistemas, os sistemas contribuem para que os processos praticados pela organização sejam sinérgicos e eficientes.

Nesse sentido, os sistemas têm como objetivo facilitar os processos internos e externos da organização, dando suporte à qualidade e à produtividade organizacional. Além disso, ao gerar informações relevantes quando do término dos ciclos, os sistemas possibilitam a avaliação e a mensuração dos procedimentos utilizados, permitindo o controle e a identificação e a consequente conversão de falhas e erros em acertos. Com isso, o sistema não só auxilia na tomada de decisão, como agrega valor à atuação das organizações.

Importante

São algumas das funções básicas dos sistemas:

- organizar e coordenar esforços, recursos e pessoas;
- proporcionar sinergia nas práticas organizacionais;
- facilitar os processos internos e externos;
- possibilitar avaliação e mensuração dos procedimentos organizacionais;
- permitir controle e conversão de falhas e/ou erros;
- dar suporte para a qualidade e a produtividade da organização;
- gerar informações quando do término dos processos, auxiliando na tomada de decisão organizacional;
- agregar valor à atuação da organização.

Síntese

Demonstramos neste capítulo que um sistema é um conjunto de dois ou mais elementos que interagem entre si e com o ambiente de forma interdependente, com o objetivo de se chegar a um resultado em comum. Mostramos que o sistema consiste em um conjunto de dois ou mais elementos (subsistemas) que se relacionam e dependem um do outro, concebidos com uma finalidade em comum e que atuam em algum meio ou ambiente (macroambiente). Explicamos que todo sistema se contrai, estando subdividido em partes menores, ao mesmo tempo em que se expande, fazendo parte de um todo maior, no qual está inserido.

De forma geral, os sistemas apresentam seis partes constituintes: entradas (*inputs*), processamento, saídas (*outputs*), subsistema de retroalimentação (*feedback*), objetivo e ambiente. Isso significa que os sistemas precisam de elementos de entrada que, por sua vez, serão processados e transformados em saídas e produtos finais a serem disponibilizados no ambiente, para que possam, assim, atender ao seu objetivo. A cada ciclo do processo de transformação, são disponibilizadas várias informações sobre o andamento e o resultado desse procedimento. Essas informações devem ser analisadas, em uma comparação entre o que foi planejado previamente e o que foi de fato realizado. Os novos conhecimentos resultantes desse processo devem ser aplicados no início de um novo ciclo (retroalimentação).

Ao coordenar as diversas partes constituintes, explorando de forma eficiente cada uma delas, os sistemas conseguem desempenhar importantes funções nas organizações.

Essas funções estão basicamente ligadas à organização e à coordenação dos diversos esforços, recursos e pessoas envolvidos na atuação organizacional, facilitando fluxos e processos e garantindo sinergia no trabalho. Além disso, por meio da retroalimentação, os sistemas permitem a avaliação e a mensuração dos resultados, admitindo manutenção e controle dos procedimentos, que dão suporte para a qualidade e a produtividade das organizações.

–Exercícios resolvidos

1. Quais são as premissas para a caracterização de um sistema?
São quatro. Primeiro, o sistema deve englobar um conjunto de mais de um elemento, ou seja, deve conter no mínimo um subsistema. Segundo, esses elementos devem se relacionar, influenciando-se mutualmente. Terceiro, esses elementos devem se unir em torno de um objetivo em comum. Quarto, esse conjunto deve estar inserido em um meio ou ambiente maior.

2. Qual é a estrutura ou quais são as partes constituintes de um sistema?
Os sistemas são compostos de entradas (*inputs*), processamento, saídas (*outputs*) e subsistema de retroalimentação (*feedback*), além do objetivo e do ambiente em que atua.

3. (Adaptada de UnB/CESPE, Previc, 2010). De acordo com a teoria de sistemas, *sistema* consiste no conjunto de partes interagentes e interdependentes que, conjuntamente, formam um todo unitário com determinado objetivo e função. Um sistema compõe-se de objetivos, entradas, processo de transformação, saídas, controles, avaliações e retroalimentação ou realimentação ou *feedback*. Com base nisso, pode-se afirmar que, entre os objetivos do controle e da realimentação do sistema, inclui-se o de transformá-lo em um sistema autorregulador. Essa afirmação é:
(×) Verdadeira
( ) Falsa
Lembre-se do conceito e das partes constituintes de um sistema. Um sistema é um conjunto de elementos interagentes e interdependentes que formam um todo unificado, com o objetivo de atingir um resultado. Além disso, os sistemas são compostos de entradas (*inputs*), processamento, saídas (*outputs*) e subsistema de retroalimentação (*feedback*), além do objetivo e do ambiente em que atuam.

Questões para revisão

1. O que significa dizer que todo sistema se contrai e se expande? Explique.

2. (Adaptada de FCC, TRT, 22ª Região, 2010) A organização moderna caracteriza-se como um sistema constituído de elementos interativos, que recebe entradas do ambiente, transforma-os e emite saídas para o ambiente externo. Nesse sentido, é correto afirmar:
   a) Toda organização que interage com o ambiente para sobreviver é um sistema fechado.
   b) A necessidade de entradas e saídas não reflete a dependência em relação ao meio ambiente.
   c) Os elementos interativos da organização – pessoas e departamentos – dependem uns dos outros e devem trabalhar juntos.
   d) Na dinâmica organizacional, as saídas do sistema de uma organização não afetam o ambiente interno.
   e) As estruturas organizacionais contemporâneas são independentes do processo de globalização, internet, *e-business* e da alta competitividade do mercado.

3. Do que se constitui o macroambiente das organizações?

4. (Adaptado de Ceperj, SEE/Fesp-RJ, 2007) O ambiente empresarial pode ser composto pelo ambiente setorial e pelo macroambiente. Assinale a alternativa que apresenta apenas elementos do ambiente setorial:
   a) Sindicatos e sociedade como um todo.
   b) Clientes e concorrência.
   c) Legislação e economia.
   d) Tecnologia e sociedade.
   e) Associações de classe e demografia.

5. (Adaptado de IFPB, 2011) É possível decompor o ambiente externo de uma organização em dois segmentos: ambiente geral ou macroambiente e ambiente específico ou ambiente setorial. **Não** faz parte do conjunto de variáveis do ambiente geral a variável:
   a) política.
   b) demográfica.
   c) ecológica.
   d) estratégica.
   e) cultural.

Questões para reflexão

De acordo com a teoria vista neste capítulo, pense em uma organização que você conheça e reflita:

1. Essa organização pode ser conceituada como um sistema?

2. Como você justificaria essa concepção?

3. Faça uma análise do ambiente dessa organização. Como ele se divide e o que compõe cada ambiente?

Para saber mais

Sobre a temática *sistema*, indicamos duas importantes leituras:

BERTALANFFY, L. von. **Teoria geral dos sistemas**. Petrópolis: Vozes, 1975.

CARREIRA, D. **Organização, sistemas e métodos**. 2. ed. São Paulo: Saraiva, 2009.

capítulo 3

Taís Pasquotto Andreoli

Conteúdos do capítulo

- Teoria geral dos sistemas (TGS).
- Cibernética.
- Teoria matemática da administração.
- Abordagem sistêmica.
- Abordagem clássica.
- Impacto e importância da abordagem sistêmica.
- Abordagem múltipla.
- Ambiente interno e externo.
- Pensamento holístico e abordagem contingencial.
- Questão estratégica.

Após o estudo deste capítulo, você será capaz de:

1. identificar os antecedentes da abordagem sistêmica, suas origens e contribuições: TGS, cibernética e teoria matemática da administração;
2. compreender os pressupostos da abordagem clássica e como eles foram rompidos pela abordagem sistêmica;
3. analisar as principais concepções propostas pela abordagem sistêmica, como perspectiva descritiva e explicativa, modelo organicista das organizações, concepção de homem funcional e de organizações como sistemas sociotécnicos abertos;
4. apreender a importância da abordagem sistêmica para a administração, compreendendo os principais avanços e a consolidação da abordagem múltipla;
5. perceber o impacto da abordagem sistêmica na atuação das organizações, evidenciando-se o ambiente interno e externo, o pensamento holístico, a abordagem contingencial e a preocupação com a questão estratégica.

Abordagem dos sistemas

A abordagem sistêmica nasceu com as contribuições oriundas da teoria geral dos sistemas (TGS), da cibernética e da teoria matemática da administração. Mas o que são e o que propõem essas teorias? Quais são as características da abordagem até então existente, a abordagem clássica? O que mudou com essa ruptura? Por fim, quais são as principais características e contribuições da abordagem sistêmica? É o que veremos a seguir.

3.1
Teoria geral dos sistemas (TGS)

O conceito de *sistema* se consolidou com a teoria geral de sistemas (TGS), derivada de trabalhos do biólogo Ludwig von Bertalanffy, publicados entre as décadas de 1950 e 1970 (Chiavenato, 2011), em razão da crítica às divisões em áreas do conhecimento (Bertalanffy, 1975). Essa crítica se baseia na premissa de que, se a natureza e seus fenômenos ocorrem de maneira total e integrada, como seria possível, então, dividi-los em categorias ou analisá-los isoladamente? Essa teoria evidencia que, apesar de haver soluções similares ou comuns para problemas de diversas áreas, essas soluções não são conhecidas em virtude da falta de comunicação e de compartilhamento de conhecimentos. Em outras palavras, um tema ainda problemático para a física, por exemplo, pode já ter sido resolvido pela química e, ainda assim, tal evento pode não ser disseminado, já que não há troca de informações entre essas duas áreas.

Nesse sentido, segundo Bertalanffy (1975), a grande contribuição da TGS foi a proposição de uma integração das várias ciências, rompendo com seus universos particulares. Tratou-se, portanto, da busca de uma unidade da ciência, de uma unificação dos diversos pontos de estudo e um compartilhamento de seus conhecimentos. Isso contribuiu para que a ciência se desenvolvesse sob uma análise mais abrangente, multidisciplinar e pensada em sua totalidade.

3.2
Cibernética

A cibernética foi inicialmente proposta por Norbert Wiener, após a década de 1940, época em que surgiu o primeiro computador. Trata-se de uma ciência da comunicação e do controle de sistemas, sugerida por meio de analogias entre a máquina e o homem – cujo "funcionamento" se dá por meio do cérebro e do sistema nervoso (Chiavenato, 2011). Em busca de elementos comuns de funcionamento das máquinas e dos cérebros humanos, a cibernética utiliza-se de modelos para representações.

Segundo Wiener (1968), a cibernética trata do estudo da regulação e do controle baseados em sistemas, processo no qual a informação desempenha papel fundamental. Para o autor, por meio do processo de retroalimentação (*feedback*), as próprias informações disponibilizadas pelo sistema nas saídas (*outputs*) tornavam possível corrigir e realizar os ajustes necessários ao seu funcionamento – ou seja, o equilíbrio dinâmico do sistema tem como alicerce as informações. Nesse sentido, a comunicação é responsável não só pela integração e coerência interna dos sistemas, coordenando seus subsistemas, como também serve de base de controle, garantindo sua regulação e manutenção contínuas.

Dica

Para relembrar os conceitos de saídas (*outputs*) e retroalimentação (*feedback*) de sistemas, releia a Seção 2.2 desta obra, "Estrutura e partes constituintes de um sistema".

Quando falamos em *comunicação*, há três discussões que merecem ser traçadas.

Primeiro, você sabia que existem diferenças entre os conceitos de *dado, informação* e *comunicação*? Um **dado** é uma informação em seu estado bruto, extraído do ambiente ou de uma base de dados. A partir do momento em que esse dado é analisado e que a ele é atribuído algum significado, torna-se uma **informação**. Podemos dizer, assim, que a informação é um dado em estado lapidado, com sentido ou significado atribuído. Por fim, a **comunicação** se refere ao processo de troca de informações, que envolve não só a emissão dessas informações, mas também o correto recebimento delas. Portanto, para que haja de fato uma comunicação entre as partes, não basta somente que uma informação seja emitida; é necessário que ela chegue a seu destino e seja claramente compreendida. Mas será que isso acontece? Tudo que as organizações emitem é compreendido por seus receptores conforme planejado?

Nesse sentido, em segundo lugar, existe o **modelo emissor-receptor**: o emissor codifica uma mensagem e a envia por um meio ou canal de comunicação a seu receptor, que deve decodificá-la (Belch; Belch, 2008). Esse modelo evidencia a problemática da recepção da mensagem, ou seja, o momento da decodificação por parte do receptor, que deve compreender a mensagem em seu sentido original, sem ruídos ou possíveis desvios de significado.

Figura 3.1 – Modelo emissor-receptor

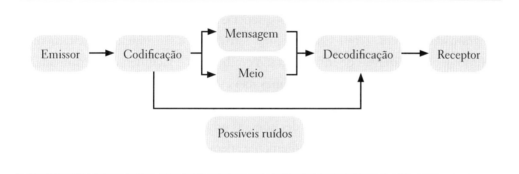

Fonte: Adaptado de Shannon; Weaver, 1949, p. 34.

Por fim, essa possibilidade de ruído fica mais evidente quando pensamos nos mecanismos de defesa do próprio receptor – processos em que ele decide se engajar para bloquear ou refutar a recepção de determinada mensagem (Chaiken; Eagly, 1993). São dois os processos mais comuns: a resistência, na qual o indivíduo receptor opta intencionalmente por não prestar atenção, ou seja, resistir à mensagem que está sendo emitida; e a contra-argumentação, na qual o indivíduo vai além e cria de forma ativa argumentos para refutar a mensagem que está sendo recebida. Suponhamos que você esteja assistindo a um programa de televisão e, no intervalo, começa a passar um comercial de uma empresa X, ofertando liquidações de móveis e eletrodomésticos. Se você, como receptor dessa mensagem, opta por não prestar atenção a esse anúncio, em razão de uma distração qualquer ou mesmo por desejar mudar de canal, você está resistindo a essa recepção. Agora, se você opta por assistir ao comercial e, em seguida, ativamente começa a criticar ou argumentar contra seus apelos de venda, reclamando da qualidade dos produtos ou apontando falhas na comercialização, por exemplo, você está contra-argumentando e se posicionando contra essa recepção.

3.3
Teoria matemática da administração

A teoria matemática da administração refere-se à aplicação da matemática na resolução de problemas administrativos. Mais conhecida como *pesquisa operacional*, tem ênfase no processo decisório, tratando-o de modo lógico e racional, mediante uma abordagem quantitativa (Chiavenato, 2011). Por meio dessa ferramenta, **desloca-se a ênfase sobre a ação para a ênfase sobre a decisão que antecede a ação**.

Nesse contexto, temos duas teorias mais conhecidas: a **teoria dos jogos**, utilizada na superação estratégica de conflitos de interesse dentro da organização; e a **teoria da decisão**, que esquematiza o processo decisório em problemas estruturados e não estruturados e, por consequência, em decisões programadas e não programadas (Simon, 1960). Os problemas estruturados são aqueles perfeitamente definidos, cujas variáveis de influência são conhecidas e facilmente determinadas. Em contrapartida, no caso dos problemas não estruturados, uma ou mais variáveis não estão disponíveis nem podem ser estimadas, impossibilitando a clara definição do problema. Em relação às decisões, as programadas são aquelas em que os dados estão disponíveis e suficientemente adequados para a tomada de decisão, geralmente em uma condição estática, o que permite um certo grau de certeza e a previsibilidade do seu resultado. Por outro lado, as decisões não programadas se dão quando os dados não são suficientes para uma deliberação e as condições são dinâmicas, com alto grau de incerteza e imprevisibilidade.

3.4
A abordagem clássica

A abordagem clássica se consolidou por meio da união da administração científica, fundamentada nos trabalhos desenvolvidos por Taylor (taylorismo), à teoria clássica da administração, organizada em torno dos estudos de Fayol (fayolismo).

Ainda que em países diferentes, os estudos de ambos os autores foram realizados e publicados na mesma época, por volta de 1900, e tinham o mesmo objetivo: aumentar a eficiência das organizações. A diferença foi que, enquanto Taylor focou na questão das tarefas, principalmente em termos de organizar racional e cientificamente o trabalho humano para aumentar sua produtividade (*the best way*, ou "o melhor jeito de fazer as coisas"), Fayol concentrou-se na temática da estrutura organizacional, referente à divisão das funções e dos níveis hierárquicos.

Figura 3.2 – Abordagem clássica

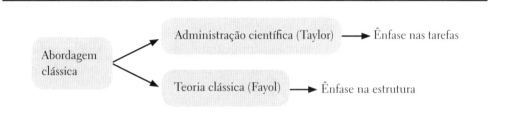

Fonte: Adaptado de Chiavenato, 2003, p. 49.

Para relembrarmos as contribuições de cada autor, abordaremos resumidamente cada uma dessas escolas administrativas.

3.4.1 Administração científica (taylorismo)

A administração científica foi desenvolvida por Frederick Winslow Taylor, que propôs a organização científica do trabalho. Trata-se da primeira abordagem sistemática sobre a organização racional da produção.

Para Taylor, primeiramente seria necessário separar o trabalho intelectual – de concepção, elaboração e organização das ideias – do trabalho de massa, de execução das atividades traçadas. Esse estudo se caracteriza como o primeiro esforço de uma hierarquização da organização, com os trabalhadores braçais subordinados aos seus supervisores.

Além disso, Taylor acreditava que o trabalho braçal poderia ser quantificado e que o nível de produção diária de um trabalho poderia ser determinado em termos de tempo gasto. Essa suposição decorria da aplicação das leis científicas de tempos e movimentos ao trabalho humano. Assim, para determinar quanto cada trabalhador poderia produzir em determinado tempo, Taylor realizou seguidos experimentos analisando tempos e movimentos dos trabalhadores braçais.

Como resultado, ele descobriu que, quanto mais especializado fosse o trabalho, ou seja, quanto mais fragmentadas fossem as diversas etapas do processo de produção, maior seria a eficiência da produção (menor tempo seria gasto). Dessa forma, instaurou-se a divisão e na especialização das tarefas, e os trabalhadores braçais passaram a desempenhar funções extremamente específicas e repetitivas, não demandando, para isso, nenhuma qualificação.

3.4.2 Teoria clássica da administração (fayolismo)

A teoria clássica, desenvolvida por Jules Henri Fayol, deu ênfase à estrutura empresarial, contribuindo para a organização das diferentes áreas componentes de um empreendimento. Fayol estudou como organizar o quadro de pessoal, buscando definir as responsabilidades em todos os níveis hierárquicos e separando os conhecimentos tecnológicos das habilidades administrativas.

Ele se preocupou com a função administrativa da direção, estabelecendo, assim, cinco funções básicas da administração: *planejar, organizar, comandar, coordenar* e *controlar*. É interessante ressaltarmos que, para Fayol, a função administrativa não é exclusica da alta cúpula – ela é compartilhada de modo proporcional por todos os níveis da hierarquia da empresa. Essa dinâmica consiste na proporcionalidade da função administrativa: quanto mais elevado o nível hierárquico, maior a extensão das funções administrativas; por outro lado, quanto menos elevado o nível hierárquico, maior a predominância de outras funções da empresa (não administrativas).

Figura 3.3 – Proporcionalidade da função administrativa

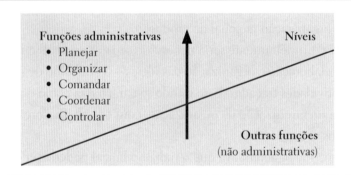

Fonte: Adaptado de Chiavenato, 2003, p. 82.

3.4.3 Características da abordagem clássica

A abordagem clássica tem como principal característica uma **perspectiva prescritiva e normativa**, ou seja, a preocupação dessa abordagem é de antecipar o comportamento futuro das organizações, estabelecendo princípios e normas a serem utilizados em cada situação. Também se baseia no modelo mecanicista das organizações, partindo da premissa de que as organizações funcionam como máquinas, como um arranjo físico rígido de peças e componentes.

Em relação aos trabalhadores, impera nessa abordagem a concepção de **homem econômico**, ou seja, parte do princípio de que as pessoas podem ser e são motivadas exclusivamente por meio de remunerações e benefícios financeiros.

Além disso, essa abordagem se ancora nos princípios do reducionismo, do pensamento analítico e do mecanicismo. O **reducionismo** propõe que todas as coisas devem ser decompostas ou reduzidas em elementos fundamentais, em partes menores, para, assim, receber o foco de análise. Nesse sentido, o **pensamento analítico** consiste na análise dessas partes menores, mais simples, que – quando decompostas do todo – são mais facilmente explicadas ou solucionadas. Portanto, a preocupação dessa abordagem é reduzir o todo em partes menores (reducionismo) para, então, estudá-las, tornando a análise mais fácil (pensamento analítico). Se retornarmos à administração científica, podemos ver que foi justamente isso que Taylor fez em relação ao trabalho humano: dividiu-o e especializou-o ao máximo para aumentar sua produtividade. Por fim, o **mecanicismo** trabalha com relações simples de causa e efeito entre dois fenômenos, pois estes ocorrem em um sistema fechado. Um sistema fechado é aquele hermeticamente isolado, suficientemente independente, que não realiza trocas nem influencia ou é influenciado pelo meio. Em outras palavras, como não há interferência externa (sistema fechado), uma única causa se torna suficiente para explicar o efeito causado.

Uma característica dessa concepção da organização como um sistema fechado é a entropia, que é a tendência de todos os sistemas fechados de chegar a um estado final caótico, em que não há mais potencial para a transformação de energia ou de trabalho. De acordo com o segundo princípio da termodinâmica, os sistemas fechados devem eventualmente alcançar um estado de equilíbrio em que o sistema permanece constante no tempo e os processos cessam. Assim, a organização como um sistema fechado caracteriza-se pelo aumento crescente da entropia, caminhando para a desordem e o consequente declínio.

> **Importante**
>
> São características da abordagem clássica:
>
> - Perspectiva prescritiva e normativa (preocupação em antecipar o comportamento das organizações e prescrever normas para situações futuras).
> - Modelo mecanicista das organizações (organizações vistas como máquinas).
> - Concepção de homem econômico (motivação por meio de remunerações e benefícios financeiros).
> - Concepção das organizações como sistemas fechados (sem influência ou dependência do meio).
> - Reducionismo (divisão do todo em partes menores).
> - Pensamento analítico (decomposição do todo em partes menores, para facilitação da análise).
> - Mecanicismo (relação simples de causa e efeito, determinística).

3.5
A abordagem sistêmica

A abordagem sistêmica é desenvolvida em torno de uma **perspectiva descritiva e explicativa**, isto é, em vez de tentar prescrever normas e princípios de atuação, o foco dessa abordagem encontra-se na análise do que de fato está acontecendo e na busca de explicações para o fenômeno. Essa perspectiva evidencia as características específicas de cada organização e seu contexto de atuação, que exigem formas de gestão pertinentes e particulares a elas, e não simplesmente uma única fórmula de sucesso. Além disso, a abordagem sistêmica se baseia no modelo organicista das empresas, ou seja, a premissa é a de que os empreendimentos funcionam como sistemas vivos, semelhantes a organismos.

Em relação aos colaboradores, impera nessa abordagem a concepção de **homem funcional**, isto é, a organização é um sistema de papéis a serem desempenhados pelos trabalhadores durante sua atuação. Nessa perspectiva, o homem é visto como um ser complexo, com racionalidade limitada e comportamento impre-visível. Como consequência disso, as remunerações e os benefícios financeiros, por si sós, não são capazes de motivar as pessoas, sendo também necessários outros tipos de recompensas, como as sociais, as psicológicas e as afetivas.

A abordagem sistêmica se baseia, ainda, em três princípios:

1. expansionismo;
2. pensamento sintético;
3. teleologia.

O **expansionismo** admite que todo fenômeno faz parte de um todo maior a ser considerado sob uma visão mais ampla. Nesse sentido, o pensamento analítico explica que as partes menores só podem ser analisadas e explicadas em função do papel que exercem no todo. Portanto, essa abordagem admite que o todo pode ser decomposto em suas mínimas partes, mas o interesse aqui é o de analisar o todo, sob uma perspectiva mais global. Somente assim podemos entender o papel que as diferentes partes representam no todo (**pensamento sintético**). Se compararmos organizações a organismos, podemos pensar, por exemplo, sobre as funções que cada órgão desempenha no corpo humano e sua importância para ele. Por fim, a **teleologia** trabalha com relações complexas de causa e efeito, pois estas ocorrem em um sistema aberto.

Um **sistema aberto** é aquele que faz parte de um todo maior (macroam-biente), com o qual realiza trocas de informações, materiais, produtos, capital, entre outros elementos. Por isso, os sistemas abertos influenciam e são influenciados por forças externas, com as quais mantêm relação de interdependência. Além disso, essa concepção evidencia a importância de pensarmos na organização como um todo, atentando para a integração das diversas áreas funcionais ou subdivisões do ambiente interno (partes menores). Dessa forma, como a empresa é suscetível a influências do ambiente externo, uma única causa é de fato condição necessária para que haja um efeito, mas talvez haja mais causas (ou mesmo uma interação entre elas), contribuindo para que tal efeito ocorra. Nesse sistema, o interesse não reside somente na determinação da causa (ou possíveis causas), mas também na compreensão do motivo e dos objetivos dessas causas e na explicação de seus efeitos.

> **Importante**
>
> Com a mudança da abordagem clássica para a abordagem sistêmica, as organizações deixam de ser consideradas sistemas fechados, hermeticamente isolados e suficientemente independentes, para serem concebidas como sistemas abertos, pertencentes a um todo maior – ao mesmo tempo que se divide em partes menores. Com isso, evidencia-se a importância de um pensamento sistêmico (com relações de interdependência e mútuas influências com o meio) e holístico (que abarca a organização como um todo).

Aprofundando-nos na abordagem sistêmica, podemos dizer que, na verdade, ela propõe a concepção de **organizações como sistemas sociotécnicos abertos**. Isso significa dizer que, além de serem vistas como sistemas dinâmicos, em constante adaptação e mudança, as organizações são consideradas em sua complexidade, abarcadas tanto em seu aspecto formal (técnica) quanto informal (social).

Existem algumas características decorrentes dessa concepção de organizações como sistemas abertos, como:

- a homeostase;
- a equifinalidade;
- a resiliência;
- a sinergia.

A **homeostase** aponta para a tendência inerente aos sistemas abertos de garantir seu equilíbrio. Trata-se de um funcionamento autônomo para a manutenção da constância de equilíbrio no sistema.

A **equifinalidade** garante que os sistemas abertos alcancem um estado constante de equilíbrio por meio de suas condições atuais, independentemente das condições iniciais. Assim, o resultado final depende de como os processos e o sistema atuam como um todo e pode ser atingido de várias maneiras, com vários pontos de partida diferentes.

Também nesse sentido, a **resiliência** aponta para a capacidade que as organizações têm de voltar ao seu equilíbrio natural após terem passado por algum inconveniente. Sendo assim, denota-se a capacidade das organizações de superarem possíveis ameaças, adaptando-se às novas condições do contexto.

Por fim, a **sinergia** propõe que o todo é maior do que a soma das suas partes menores. Isso nos mostra o quanto as partes menores são importantes e precisam estar alinhadas e integradas para que possam atingir seus objetivos, uma vez que elas impactam diretamente no resultado final.

Importante

São características da abordagem sistêmica:

- Perspectiva descritiva e explicativa (preocupação em descrever e explicar o que acontece em cada organização).
- Modelo organicista das organizações (organizações vistas como sistemas vivos).
- Concepção de homem funcional (complexo, desempenha papéis e sua motivação vai além da financeira).
- Concepção das organizações como sistemas sociotécnicos abertos (relações de troca, influência e interdependência com o meio).
- Expansionismo (cada fenômeno faz parte de um todo maior).
- Pensamento analítico (análise do todo e das partes menores em função do todo).
- Teleologia (relações de causa e efeito complexas, probabilísticas).

É pertinente ressaltarmos que a abordagem sistêmica representa uma superação não só dos paradigmas propostos pela abordagem clássica, mas também uma evolução das demais teorias administrativas, como a abordagem estruturalista e a comportamental. Para saber mais sobre o assunto, recomendamos a obra *Introdução à teoria geral da administração*, de Adalberto Chiavenato (2011).

A fim de facilitar o entendimento dos principais pontos, elaboramos um quadro-síntese da discussão traçada. Veja a seguir.

Quadro 3.1 – Diferenças entre a abordagem clássica e a abordagem sistêmica

	Abordagem clássica	Abordagem sistêmica
Perspectiva	Prescritiva e normativa	Descritiva e explicativa
Modelo das organizações	Mecanicista	Organicista
Concepção de homem	Econômico	Funcional
Concepção das organizações	Sistemas fechados	Sistemas abertos
Princípios	Reducionismo Pensamento analítico Mecanicismo	Expansionismo Pensamento sintético Teleologia

3.6
Importância e impacto da abordagem sistêmica

A abordagem sistêmica é uma das mais (se não a mais) importantes teorias da administração, que representou tanto uma ruptura de pressupostos passados quanto uma junção de contribuições de teorias anteriores. Dessa forma, a abordagem sistêmica se caracteriza por uma abordagem múltipla e ampla, interessada não apenas especificamente no estudo da organização, mas em toda a complexidade que a abarca.

3.6.1 Abordagem múltipla

Para a administração, a abordagem sistêmica rompeu com a perspectiva da abordagem clássica, até então imperante, e transformou a maneira de se enxergar as organizações e sua gestão. Sua principal contribuição decorre da sua abordagem múltipla, que amplia o foco de estudo e considera pontos antes não abarcados. Dessa forma, a abordagem sistêmica consegue consolidar os demais avanços das teorias que a antecederam. É o caso da concepção de organização, tanto formal quanto informal, e o de homem funcional, um ser imprevisível, complexo e de racionalidade limitada, que demanda remuneração não só financeira, mas também social e psicológica (mista).

3.6.2 Ambientes interno e externo

Ao conceber as organizações como sistemas sociotécnicos abertos, a abordagem sistêmica evidencia a importância dos ambientes interno e externo na atuação organizacional.

O ambiente interno é ressaltado porque, na qualidade de sistemas, as organizações são compostas de partes menores, os subsistemas, que devem interagir em prol da realização de metas em comum. Sendo assim, aumenta-se a preocupação em gerir de forma harmônica essas partes, considerando-as não só em suas características particulares, mas também na somatória geral do sistema e nas relações de interdependência envolvidas nisso.

O ambiente externo ganha atenção porque, na natureza de sistemas, as empresas fazem parte de um todo maior, o macroambiente, com o qual realizam trocas (insumos produtivos, informações, produtos e capital). Como consequência, evidencia-se que a organização não atua de maneira independente, hermeticamente isolada, mas sim influenciando e sendo influenciada pelo ambiente em que está inserida. Daí a característica mutável das organizações, que têm de atentar para o ambiente dinâmico ao qual pertencem, preocupando-se em monitorá-lo e em se adaptar a ele constantemente.

> **Dica**
> Para relembrar as partes constituintes de um sistema e as relações que ele realiza com o macroambiente, releia o Capítulo 2, "Sistemas e suas atividades".

3.6.3 Pensamento holístico e abordagem contingencial

Ao ampliar o foco de estudo, a abordagem sistêmica contribui para a disseminação de novos conceitos, como o pensamento holístico e, posteriormente, a abordagem contingencial.

O pensamento holístico, ou holismo, vem da palavra grega *holos*, que significa "todo". Nesse sentido, o pensamento holístico nada mais é do que se pensar a atuação organizacional como um todo, apreendendo-a em toda a sua complexidade. Essa proposta se baseia na premissa de que a fragmentação não só dificulta a compreensão geral das coisas como enviesa suas resoluções. Portanto, ao não visualizar o conjunto inteiro, podemos deixar de considerar aspectos importantes, direcionando nossa resolução apenas para os pontos abarcados. Como consequência, essas resoluções se tornam enviesadas, atuando apenas sobre o que foi levantado e, por isso, são apenas parcialmente eficazes.

Além disso, como consequência da adoção da abordagem sistêmica, surge a **abordagem contingencial** ou **situacional**. Essa abordagem se apoia na proposição de que não existe uma única forma de sucesso ou um jeito único de administrar uma organização. Pelo contrário, a gerência organizacional é mutável e adaptável, de acordo com as características particulares da organização e as condições específicas do ambiente. Isso significa que a administração decorre das situações vivenciadas pela empresa, as quais determinam suas práticas e sua atuação no mercado.

3.6.4 Questão estratégica

Tendo em vista todas as proposições da abordagem sistêmica até aqui discutidas, podemos afirmar que dar atenção ao ambiente em que se atua, compreendendo-o e harmonizando-se com ele, deixa de ser apenas uma necessidade de sobrevivência das organizações. Mais do que isso, o monitoramento ambiental e a flexibilidade decorrente dele passam a ser vistos como diferenciais competitivos, que auxiliam estrategicamente na gestão organizacional.

Uma importante referência dessa temática na área estratégica é Michael Porter, que analisou a concorrência e a competitividade da indústria, propondo as famosas *cinco forças competitivas de Porter* (Porter, 1980):

1. poder de barganha dos fornecedores;
2. poder de barganha dos consumidores;
3. ameaça de novos entrantes (concorrentes diretos);
4. ameaça de produtos substitutos (concorrentes indiretos);
5. rivalidade entre os concorrentes (já existentes).

De acordo com Porter (1980), para que seja possível gerir estrategicamente uma organização, essas cinco forças do ambiente externo devem ser analisadas. Somadas, elas garantem vantagem competitiva perante os concorrentes.

Figura 3.4 – Forças competitivas de Porter

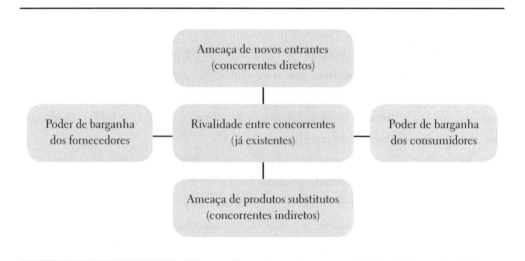

Fonte: Adaptado de Porter, 1998, p. 12.

Outra ferramenta estratégica que aborda a questão do ambiente como determinante na atuação organizacional é **método de análise Swot**, cujo nome decorre do anagrama *Strenghts* (forças), *Weaknesses* (fraquezas), *Opportunities* (oportunidades) e *Threats* (ameaças) (Mintzberg; Quinn, 2001). A utilidade dessa ferramenta reside na análise das forças e fraquezas do ambiente interno da organização e também das ameaças e oportunidades do ambiente externo. Mais do que isso, a proposição da análise Swot é de que a organização deve conhecer seus pontos fortes e fracos (ambiente interno), para, assim, conseguir confrontar estrategicamente as limitações ou motivações do ambiente externo.

Síntese

Demonstramos neste capítulo que a teoria geral de sistemas (TGS) propõe uma nova forma de integrar os diversos corpos de conhecimento para além dos seus universos particulares, unificando e compartilhando as informações de uma forma multidisciplinar. Somando esse advento às contribuições da cibernética (analogia entre máquina e cérebro humano) e da teoria matemática da administração (processo decisório), apresentamos a abordagem sistêmica, que rompe com os paradigmas até então imperantes na abordagem clássica.

Explicamos que a abordagem sistêmica consiste em uma abordagem ampla e múltipla, consolidando diversos pontos, como: perspectiva descritiva e explicativa; modelo organicista; organização formal e informal; homem funcional, imprevisível, complexo e de racionalidade limitada, cuja remuneração deve ser mista; entre outros.

Mais importante, afirmamos que essa abordagem contribui para o rompimento do paradigma das organizações como sistemas fechados, hermeticamente isolados, optando por uma concepção de sistemas sociotécnicos abertos, na qual as organizações fazem parte de um todo maior, com o qual realizam trocas e, por isso, mantêm relações mútuas de dependência e influência.

Evidenciamos também a importância do ambiente tanto interno quanto externo na atuação organizacional: a organização deve, ao mesmo tempo, coordenar e gerenciar de forma harmônica suas partes menores (subsistemas) e monitorar as variáveis do meio em que está inserida (macroambiente), adaptando-se a elas.

Demonstramos ainda que, como consequência dessa dinâmica, o pensamento holístico e a abordagem contingencial são disseminados – o primeiro para que se analise o todo, em sua complexidade total, contribuindo para resoluções mais completas; a segunda para demonstrar que a administração das organizações deve ser moldada e adaptada às suas características próprias e às situações particulares com as quais se depara, não havendo, assim, uma fórmula única de gestão para o sucesso.

Exercícios resolvidos

1. Como surgiu a teoria geral dos sistemas (TGS)?

A teoria geral de sistemas (TGS), derivada de trabalhos do biólogo Ludwig von Bertalanffy, publicados entre as décadas de 1950 e 1970, surgiu em virtude da crítica às divisões das áreas de estudo e de conhecimento. Essa mudança de paradigma decorreu de dois argumentos: primeiro, não há lógica em analisar a natureza e os seus fenômenos de forma isolada, posto que ocorrem de maneira total e integrada; segundo, essa divisão engessa o compartilhamento de conhecimento, sendo até possível que haja soluções similares ou comuns para problemas de diversas áreas que não compartilham suas contribuições.

2. (Adaptada de Enade, 2005) O objetivo da teoria geral dos sistemas (TGS) é a formulação dos princípios válidos para os sistemas em geral, qualquer que seja a natureza dos elementos que os compõem e as relações ou forças existentes entre eles. Na área de sistemas de informação, diversos problemas requerem abordagem multidisciplinar para serem resolvidos. Os propósitos da TGS que podem contribuir para a resolução desses problemas incluem:

I. O incentivo à especialização total das áreas do conhecimento.

II. O desenvolvimento dos princípios unificadores que transcendem o universo das ciências individuais.

III. A integração de contribuições de várias ciências na busca de solução dos problemas.

IV. O desenvolvimento de princípios únicos para cada área do conhecimento.

V. O desenvolvimento de estudos que visem à ampliação da separação entre as ciências naturais e sociais.

Estão certos apenas os itens:

a) I e II.

b) I e V.

c) II e III.

d) III e IV.

e) IV e V

Lembre-se de que a teoria geral dos sistemas propunha uma integração e um intercâmbio entre os diversos corpos de conhecimento, buscando uma ciência geral e unificada. Portando, a alternativa correta é a "c".

3. O que significa dizer que as organizações deixam de ser vistas como sistemas fechados para serem concebidas como sistemas abertos?

As organizações eram anteriormente analisadas sob a ótica de sistemas fechados, ou seja, hermeticamente isolados, sem nenhuma influência ou interferência do meio em que convivem. A concepção de sistemas abertos amplia o raio de atuação da organização, que passa a ser vista como parte de um todo maior (macroambiente), com o qual realiza trocas de informações, materiais, produtos, capital, entre outros elementos, e, por isso, influencia e é influenciada por forças externas.

4. (Adaptada de Cespe, TCU, 2008) De acordo com os pressupostos da abordagem sistêmica, em uma organização que vise fazer frente às pressões geradas pelo aumento da competição no mundo globalizado, deve haver constante interação e interdependência entre suas partes integrantes. Adicionalmente, essas partes devem ser orientadas para um propósito comum, de modo a estarem com plena capacidade de influenciar e serem influenciadas pelo ambiente externo. Essa afirmação é:

(×) Verdadeira

( ) Falsa

A abordagem sistêmica se baseia na teoria geral dos sistemas (TGS) e enxerga as organizações como sistemas. Dessa forma, a organização conta com subsistemas que devem estar alinhados e trabalhando juntos rumo à realização dos propósitos organizacionais. Além disso, a empresa está inserida em um ambiente maior, que influencia sua atuação e também é influenciado por ela.

Questões para revisão

1. (Adaptada de Sousândrade, Semed-MA, 2008) A administração científica teve início no começo do século XX, em decorrência das ideias apresentadas pelo engenheiro americano Frederick Winslow Taylor, as quais revolucionaram o pensamento administrativo no mundo industrial da época. Taylor iniciou sua vida profissional como operário, passando a chefe de turma, chefe de oficina e engenheiro. Assim, pôde constatar que o modo como os operários da época executavam suas tarefas tinha por base o que observavam do trabalho dos seus companheiros mais antigos, fato que conduzia a diferentes maneiras e métodos para a execução de uma mesma tarefa. Preocupado com isso, Taylor se debruçou em estudos científicos sobre o assunto em busca de um meio mais eficaz e adequado para realização do trabalho. Esses estudos levaram à introdução de um conceito até hoje vigente denominado:

   a) princípio da redução dos esforços.

   b) ordenação seletiva de tarefas.

   c) custo-padrão.

   d) princípio do planejamento detalhado.

   e) organização racional do trabalho.

2. (Adaptada de Vunesp, Cetesb-SP, 2009). Considerado, ao lado de Taylor, um dos grandes nomes dos primórdios da administração, Henry Fayol foi fundador da teoria clássica, cuja ênfase estava:

a) na tarefa realizada pelo operário.

b) no homem e suas necessidades.

c) na estrutura da organização.

d) no ambiente externo.

e) na concorrência.

3. Vimos que a abordagem clássica concentrou os estudos de dois pensadores: Taylor, com a administração científica, e Fayol, com a teoria clássica. Qual a diferença que podemos encontrar entre esses dois estudiosos?

4. A abordagem sistêmica rompe com a concepção das organizações como sistemas fechados, propondo a concepção de sistemas abertos. O que isso significa e qual é a consequência dessa mudança?

5. (FCC, Metrô-SP, 2008) Considere a capacidade das organizações, enquanto sistemas abertos, de:

I. Conservar um estado equilibrado por meio de mecanismos autorreguladores.

II. Importar mais energia do ambiente externo do que expender.

III. Alcançar, por vários caminhos, o mesmo estado final, partindo de iguais ou diferentes condições iniciais.

Os itens I, II e III referem-se, respectivamente, a:

a) Homeostase; importação de energia; diferenciação.

b) Homeostase; entropia negativa; equifinalidade.

c) Entropia negativa; importação de energia; homeostase.

d) Estado firme; homeostase; diferenciação.

e) Equifinalidade; homeostase; estado firme.

Questões para reflexão

Escolha uma organização que você conhece bem, como a instituição de ensino em que você estuda, e realize a seguinte reflexão:

1. Quais são os principais pontos positivos e negativos do ambiente interno dessa instituição? Mencione pelo menos dois de cada.

2. Quais são as principais ameaças e oportunidades do ambiente externo? Levante pelo menos duas de cada.

3. De posse dessa análise, reflita o quão preparada essa organização está perante seu ambiente de atuação.

Para saber mais

Sobre as teorias administrativas, suas características e contribuições, recomendamos a leitura da seguinte obra:

CHIAVENTO, I. **Introdução à teoria geral da administração**. 8. ed. São Paulo: Elsevier; Campus, 2011.

Sobre as forças competitivas de Porter, recomendamos a leitura:

PORTER, M. **Estratégia**: a busca da vantagem competitiva. Rio de Janeiro: Campus, 1980.

capítulo

4

Fernando Rossini

Conteúdos do capítulo

- Sistemas de informação organizacional.
- Modelo de sistema de informação organizacional.
- Conhecimentos necessários para implementação de um sistema de informação organizacional.
- Tecnologia e informática no sistema de informação organizacional.
- Importância do sistema de informação organizacional.
- Fortalecimento do sistema de informação organizacional.

Após o estudo deste capítulo, você será capaz de:

1. compreender o modelo de sistema de informação organizacional, bem como as etapas que devem ser seguidas para a sua confecção;
2. elencar quais são as características e os requisitos necessários para se montar um modelo de informação organizacional;
3. entender a importância da tecnologia e sua evolução para a melhor implementação de um modelo de informação organizacional.

Sistemas de informação organizacional

Imagine um mercado de bairro, inserido em dois cenários diferentes: no primeiro, o gestor recebe mensalmente relatórios de vendas detalhados, que mostram, por departamentos e linhas de produtos, o quanto de cada marca presente nas prateleiras está sendo vendido. No segundo, o gestor chega mais cedo às sextas-feiras e antes de a faxina ser feita, passa a mão por sobre todas as latinhas. Qual dos dois cenários remete melhor a um sistema de informação organizacional? Pode parecer, à primeira vista, que é o primeiro. Porém, como veremos neste capítulo, a coleta dos dados é apenas uma das fases de um completo sistema de informação organizacional. Se o primeiro gestor apenas olha os relatórios e não toma nenhuma decisão baseada neles, pode ser que, no segundo caso, o gestor altere a posição das latinhas justamente por perceber que elas estão cobertas de pó porque estão há muito tempo nas prateleiras, uma vez que não estão tendo a saída desejada e, neste último caso, o sistema de informação organizacional pode estar funcionando muito melhor.

4.1
Conceito de sistemas de informação organizacional

Antes de falarmos em *sistema de informação*, é necessário diferenciarmos dois conceitos que muitas vezes se confundem: **dados** e **informação**. Como já vimos brevemente no Capítulo 3, a diferença entre esses dois termos é a tomada ou não de uma decisão. Portanto, quando conseguimos identificar, quantificar ou enquadrar qualquer elemento em algum tipo de escala ou classificação, temos um dado, ou, como costumamos dizer, um *dado bruto*. A partir do momento em que conferimos uma utilidade real a esse dado – ou seja, quando ele passa a servir de base para a tomada de decisão de um gestor –, podemos dizer que ele se transformou em informação.

Parece uma diferença sutil, tênue, quase irrelevante, mas é o que torna um sistema de informação organizacional eficaz e eficiente. Dados acumulados em um servidor, arquivo ou até mesmo na mente de um gestor servem apenas para ocupar espaço, atrapalhar o bom andamento das rotinas e, muitas vezes, são geradores de despesa. Quantas vezes não vemos uma empresa gastar fortunas para manter um banco de dados completo e atualizado, investindo em sistemas de informática caríssimos, mas seus gestores nunca o consultam quando precisam tomar uma decisão? Mais que isso: quantas vezes os gestores não acessam os dados da empresa apenas para justificar uma decisão já tomada?

O correto funcionamento de um sistema de informação organizacional depende muito da forma como ele é estruturado, do objetivo com o qual foi concebido e, principalmente, da capacidade das pessoas que o manuseiam de enxergar, nos menores detalhes, possíveis oportunidades e ameaças a serem exploradas e evitadas, respectivamente.

Resumindo

Sempre que temos um processo estabelecido de transformação de dados em informações, temos um sistema de informação. Se esse procedimento é aplicado no ambiente empresarial, com o objetivo de auxiliar na tomada de decisões, temos o chamado *sistema de informação organizacional*.

4.2
Modelo de sistema de informação organizacional

É possível encontrarmos na literatura de sistemas de informação organizacional diversos modelos diferentes, porém todos muito semelhantes – fato que nos permite apresentar um modelo que abrange as convergências e divergências de forma simples e didática, conforme a figura a seguir.

Figura 4.1 – Sistema de informação organizacional

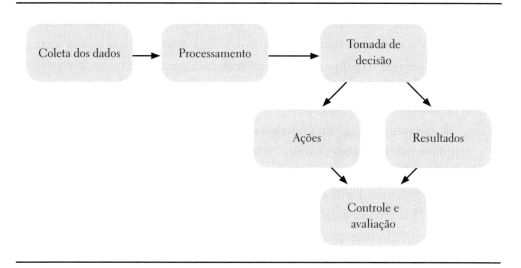

Fonte: Adaptado de Oliveira, 2002, p. 52.

Conforme podemos observar no modelo apresentado, os dados entram na empresa e passam por um processamento, até que possam se transformar em informações, ou seja, servir de base para a tomada de decisões, das quais advirão as ações e os resultados que serão fruto de análise no processo de controle e avaliação.

É impossível tratarmos como elementos separados o processo de coleta de dados, o sistema de informações gerenciais (SIG) e o processo decisório. Por isso, é importante que esse sistema seja formado levando-se em consideração decisões tomadas no dia a dia pelos gestores, de modo que a quantidade e a qualidade das informações coletadas estejam de acordo com as necessidades deles. Para Chiavenato (2006), a concepção de um sistema de informação organizacional passa pela criação de elementos que possam elucidar as seguintes questões:

- **Determinação do problema a ser solucionado pelo gestor** – Não existe resposta quando a pergunta não é bem formulada; não há solução quando não sabemos qual é o real problema. Uma das principais etapas de um processo de obtenção de informação é determinar qual problema está exigindo uma decisão por parte do gestor, para que se possa estabelecer o melhor lugar, bem como o caminho mais apropriado para se chegar a essa informação.
- **Entender o contexto no qual a informação está inserida** – No meio esportivo, existe uma brincadeira muito repetida, principalmente pelos treinadores de basquete: quanto mais passes o jogador errar, melhor. Não porque um jogador que erre muitos passes seja útil ao time, muito pelo contrário;

mas é que, se a frieza dos números aponta para um alto percentual de erro, existe, por outro lado, uma grande chance de esse jogador sempre tentar os passes mais arriscados, as jogadas mais arrojadas, e provavelmente ele seja um atleta extremamente decisivo. É lógico que isso não é uma regra a ser seguida sem uma análise mais profunda, mas o distanciamento dos números quase sempre revela uma imagem um tanto quanto distorcida da realidade dos dados que aquele mercado busca. Uma empresa que cresceu 3% em um ano teve um bom desempenho? Depende do setor no qual ela está inserida. Se seus concorrentes tiveram um crescimento de 12% em média no mesmo período, o desempenho dela pode ser considerado ruim; porém, se a média de crescimento do mercado no período em questão foi de 0,23%, então é possível dizer que os 3% acima foram fantásticos. Todo sistema de informação organizacional deve contar com ferramentas e profissionais que saibam coletar os dados e colocá-los no contexto correto, pois uma interpretação errônea pode levar a uma decisão desastrosa para o empreendimento.

- **Identificar o impacto das decisões** – Se uma empresa tem informações que apontam para uma situação em que o resultado será extremamente favorável caso determinada decisão seja tomada, o cálculo inverso também deve ser feito: Qual é a extensão do prejuízo caso a resolução não obtenha o desempenho esperado? Não podemos nos esquecer de que a administração não é uma ciência exata e não há "fórmula de bolo" para que as decisões sejam tomadas. Por melhor que seja o sistema de informação de uma empresa, ele nunca vai garantir que o resultado de determinada decisão seja positivo, pois sempre há muitas variáveis agindo sobre as empresas. Sendo assim, qual é o tamanho do risco que o negócio está correndo? A recompensa que virá, caso a decisão seja acertada, justifica esse risco? Mesmo que o prognóstico seja bom, cabem outras perguntas: A empresa está preparada para um crescimento resultante da decisão? Haverá a necessidade de investimentos em infraestrutura ou pessoal, por exemplo? Essas questões sempre devem permear a cabeça do gestor, que tomará as decisões com base nas informações coletadas, mas sempre consciente de que elas não bastam para que o sucesso ocorra, embora exista uma chance muito maior de fracasso caso não haja informações que permitam imaginar quais serão os próximos passos dos clientes, concorrentes, governo, enfim, de todos que, de alguma forma, possam interferir no processo administrativo da empresa.

4.3
Conhecimentos necessários para a implementação de um sistema de informação organizacional

Excelentes profissionais muitas vezes acabam por não conseguir implementar um ótimo sistema de informação organizacional por cometerem erros básicos logo no começo do projeto. Ao contrário do que muitos pensam, um sistema de informação não é feito somente com bons computadores, *softwares* e processadores modernos. É fundamental que os profissionais responsáveis por esse processo tenham o que chamamos de *inteligência de mercado*, ou *capacidade de gerenciamento* do sistema de informações.

Primeiramente, é fundamental ao gestor o conhecimento prévio do mercado no qual está atuando, da estrutura organizacional e física da empresa na qual trabalha, do perfil dos colaboradores, entre outras variáveis.

A qualidade das informações obtidas muitas vezes indica caminhos que, em um primeiro momento, parecem favoráveis às empresas, o que costumamos chamar de *oportunidade*. Porém, convém ao gestor perguntar-se durante esse processo: Qual é a capacidade de a empresa aproveitar aquela situação que se convencionou chamar de *oportunidade*? Vamos a um exemplo que tornará clara essa questão.

Uma empresa do setor da construção verificou que, no prazo de dois meses, o governo irá liberar uma linha de crédito com taxa de juros zero e isenção de impostos para as empresas do seu setor que se comprometerem a aumentar a produção e abrir novos postos de trabalho. Em uma primeira análise, essa é uma oportunidade fantástica, certo? Entretanto, ao analisar melhor a situação, o gestor dessa organização observa que ela já está operando em sua capacidade máxima e não há possibilidade de ampliar as operações a curto e médio prazo.

Para essa empresa, o que parecia uma boa oportunidade passa a ser uma ameaça, uma vez que ela não poderá aproveitar as vantagens oferecidas pelo governo e ficará de braços cruzados, vendo seus concorrentes aproveitarem a ocasião favorável.

Por isso, é importante que as informações internas e externas coletadas pelo sistema de informação organizacional sejam sempre analisadas dentro do contexto da empresa, para que a decisão seja tomada levando-se em consideração os riscos e os benefícios que podem surgir.

4.4
Tecnologia e informática no sistema de informação organizacional

Um erro recorrente dentro das empresas consiste em achar que todo sistema de informação organizacional depende de potentes computadores, processadores e *softwares* e que essa aquisição basta para o bom funcionamento do sistema. No entanto, como vimos no exemplo inicial deste capítulo, o processo de obtenção dos dados e a transformação destes em informação a ser utilizada na tomada de decisão pode ser muito mais simples e eficiente do que isso: um simples passar de dedo pelas latinhas pode indicar há quanto tempo o produto está na prateleira. Da mesma forma, o Departamento de Recursos Humanos do mercado, em conversas informais com o porteiro ou o faxineiro da empresa, pode identificar o nível de motivação e a forma como os funcionários são tratados. Ou, num outro exemplo, o pessoal do setor finanças pode ter uma ideia sobre uma possível descapitalização simplesmente olhando o extrato bancário da empresa. Muitas são as formas de se trazer dados para dentro da organização, que posteriormente tomarão a forma de informação, o que não passa necessariamente pela utilização de modernos computadores.

Contudo, não podemos, na atualidade, descartar a importância da informática. Com a aceleração do desenvolvimento tecnológico, muitas empresas têm pautado suas decisões em complexos modelos estatísticos gerados por *softwares* que são alimentados diariamente por todos os colaboradores, das mais diversas áreas. Novas áreas de atuação, demissões, reestruturação, tudo pode surgir a partir de relatórios eletrônicos, frutos da operacionalização dessas poderosas ferramentas. Por isso, existe a necessidade de as empresas estarem atentas a dois fatores, segundo Oliveira (2009):

- **Conhecimento acerca dos programas utilizados** – Muitas vezes os funcionários não sabem operar os sistemas que a empresa utiliza em seus computadores, e por isso não os alimentam como deveriam. Outros simplesmente acham que esse trabalho é burocrático demais e apenas toma seu tempo, e então resolvem deixar o sistema de lado. Não são poucas as empresas que gastam milhares ou até milhões de reais para implementar *softwares* de gestão com o objetivo de melhorar a gestão da informação, porém o sistema funciona incorretamente por ser mal alimentado pelos colaboradores responsáveis, gerando relatórios errados ou incompletos.
- **Programação dos sistemas de informação** – Por melhores que sejam as máquinas e os sistemas, não podemos nos esquecer de que são sempre seres

humanos que os programam e os constroem. Por isso, é fundamental ter em mente, no início do processo de concepção desses programas, quais informações devem ser obtidas, com quais propósitos e como serão utilizadas, para que não sejam criados sistemas complexos demais.

Dica

Uma piada muito recorrente no setor de produção das empresas é a de uma fábrica de creme dental, cujos gestores, cansados das reclamações sobre caixas que eram vendidas sem o tubo com o creme, resolveram investir em um moderno sistema de qualidade. Depois de 6 meses de trabalho da equipe de engenharia e R$ 35 milhões para construção dos aparelhos (o número muda, dependendo de quem conta a piada), foi instalada uma balança com garra que verificava o peso da caixinha e retirava as que não continham o tubo de creme dental dentro. Após 3 meses de uso, os administradores verificaram que o sistema havia sido desligado pelos funcionários da produção e, ao interpelarem o encarregado da área, descobriram que os funcionários estavam incomodados com o fato de a todo momento a esteira de produção parar para que a garra retirasse as caixinhas defeituosas, sem o creme dental. Para resolver o problema, fizeram uma vaquinha de R$ 100 e colocaram um ventilador ao lado da esteira; assim, todo produto que estivesse vazio voaria e a produção continuaria sem ser interrompida. Apesar de ser uma anedota (se for verídico, já é uma história tão repetida que virou piada), essa pequena história mostra o quanto o sistema de informação deve privilegiar a simplicidade e a facilidade de operação no dia a dia.

4.5
Importância do sistema de informação organizacional

Conforme vimos anteriormente, um sistema de informação organizacional pode ser extremamente oneroso, mas não tem garantias de resultados. Por que implementá-lo então? Listamos a seguir as principais vantagens de se ter um eficiente e bem estruturado sistema de informação, baseado nas obras de Oliveira (2009), Porter (1988), Ahlstarand, Lampel e Mintzberg (2010), Lovelock e Wirtz (2006) e Maximiano (2000):

- **Redução de custos** – Uma empresa que tem informações de qualidade sempre conseguirá reduzir seus custos operacionais. Seja em negociação com fornecedores, seja em aproveitamento de oportunidades fiscais ou, até mesmo, na redução de custos transacionais obtida por meio de boas negociações, as empresas sempre terão vantagens financeiras referentes a seus custos se conseguirem aplicar um bom sistema de informações.

- **Rapidez no acesso às informações** – Um sistema de informações formal, estruturado e bem organizado fará com que todos tenham rápido acesso às informações, bem como transformará toda e qualquer informação em propriedade da empresa, e não do funcionário. Com o cenário competitivo atual, no qual muitas empresas brigam por cada centavo do mercado, é imperioso tomar posse de informações tanto estratégicas quanto operacionais. Não cabe mais no mercado moderno o estilo de gestão no qual os principais dirigentes de uma empresa são detentores das informações compartilhadas em doses homeopáticas para que cada colaborador possa executar sua função. O ideal é que todas as informações sejam compartilhadas o máximo possível dentro da empresa para que todos possam compreender os motivos e os objetivos pelos quais estão trabalhando, para que, na ausência de um ou mais colaboradores (por problema de saúde, demissão ou migração para a concorrência), a organização possa seguir normalmente com suas atividades, sem que os funcionários remanescentes fiquem perdidos ou carentes de referências, orientações, contatos ou instruções que o colaborador afastado não poderá dar.

- **Melhoria na produtividade e nos serviços oferecidos** – Um bom sistema de informação permite ao departamento de produção e qualidade melhorar cada vez mais os produtos, uma vez que relatórios sobre perdas, desempenho, concorrência, entre outros, servirão como base para a pesquisa e para o desenvolvimento de novos produtos ou de melhorias nos já existentes. Por outro lado, uma comunicação eficiente em uma prestadora de serviço pode evitar os ruídos presentes entre a organização e o consumidor, fazendo com que o serviço solicitado seja entregue sempre dentro de especificações e prazos previamente combinados. Sempre que a informação é democraticamente ofertada e acessada, as margens de erro caem significativamente e a chance de uma empresa não conseguir atender aos desejos e às necessidades de seu consumidor também diminui.

- **Descentralização do poder e do privilégio dos que entendem melhor o setor** – Quando o sistema de informação organizacional funciona, o poder passa das mãos de uma pessoa para a organização toda. Cada um começa a ter controle maior sobre suas operações e todos percebem, no contexto global da empresa, quando algo está fora da normalidade. Dessa forma, aqueles que mais se dedicam a entender o funcionamento da empresa e do mercado tendem a se sobressair sobre os outros, pois todas as decisões passam a ser tomadas com base em fatos, e não na intuição ou até mesmo na força política deste ou daquele agente dentro da organização.

- **Democratização e incentivo à busca da informação** – Muitas empresas oferecem benefícios que vão desde gratificação financeira até promoção para os funcionários que trouxerem para a empresa dados que, com o passar do tempo, possam revelar-se informações fundamentais. Essa postura faz com que o envolvimento dos funcionários aumente, que a empresa consiga melhorar a qualidade das informações de que dispõe e, até mesmo, que o departamento de recursos humanos possa passar a usar esse conhecimento como elemento motivacional, uma vez que o colaborador será de alguma forma gratificado por exercer uma função que, a princípio, pode não ter nada a ver com sua atribuição inicial.

Dica

Uma das maneiras mais comuns de se incentivar o alimento ao sistema de informação organizacional é o uso de intranet. Muitas empresas possuem um *link* do tipo "Envie sua sugestão", cujo material é submetido a um comitê ou profissional que o avalia e, com base em uma escala predefinida, determina o quanto as informações enviadas são importantes ou valiosas. A depender da nota obtida pela informação, o colaborador é premiado.

4.6
Fortalecendo o sistema de informação organizacional

Para Chiavenato (2011), o sistema de informação organizacional pode contar com elementos catalisadores e fortalecedores, que aumentam consideravelmente sua eficácia dentro da organização. São eles:

- **Envolvimento de todas as esferas da organização com o sistema de informação organizacional** – Se todos os gestores e pessoas do alto escalão utilizarem com afinco o sistema, alimentando-o frequentemente e utilizando-o como base de tomada de decisão, inclusive deixando claro a todos os colaboradores que as decisões foram tomadas com base nas informações coletadas, isso certamente encorajará a todos para que continuem provendo o sistema.
- **Competência e habilidade de todos que utilizarem o sistema de informação organizacional** – Se todos estiverem aptos a utilizar o sistema, tanto no que diz respeito à utilização quanto à tomada de decisões com base nos

relatórios gerenciais, a importância desse recurso dentro da empresa tende a crescer. Colocar pessoas que não estejam familiarizadas com o fornecimento, o processamento e o recebimento de informações pode gerar ruídos de comunicação que interferirão negativamente no resultado final nas decisões.

- **Ter um plano gerenciador do sistema de informação** – Não se pode simplesmente "montar por montar" um sistema de informação organizacional. Este deve ser elaborado tendo-se em mente as necessidades de informação da empresa, bem como a estrutura organizacional, a cultura, as competências e as habilidades dos colaboradores. Como em toda a administração, não há um modelo ideal, pois todas as especificidades das empresas e dos setores devem ser respeitadas.

- **Um forte sistema de controle** – Não adianta a montagem, a implementação e o gerenciamento de um sofisticado (ou simples) sistema de informação organizacional se não houver algum tipo de controle sobre o que está acontecendo. O fato de os colaboradores saberem que haverá algum tipo de punição pelo não cumprimento ou (e principalmente) bonificação por boas práticas em relação ao sistema de informação também irá acelerar e aprimorar sua utilização.

–Síntese

Explicamos neste capítulo o que é um sistema de informação organizacional, bem como a diferença entre dados, que são elementos identificados em sua forma bruta, e informações, que são os dados utilizados como base da tomada de decisão. Discutimos também sobre o processo de coleta e transformação dessas informações, ou seja, a coleta dos dados, o processamento e a tomada de decisão com base nessas informações. Apresentamos algumas características fundamentais para o funcionamento desse sistema, como a identificação correta do problema a ser solucionado, a contextualização dos dados coletados e a correta mensuração dos riscos a serem assumidos caso uma decisão venha a ser tomada com base nessas informações.

Demonstramos ainda que é necessário que o elaborador do sistema disponha de conhecimento prévio sobre a empresa e sua capacidade de aproveitar as oportunidades e detectar as ameaças oriundas do ambiente externo quando da análise de informações. Também destacamos a importância da tecnologia para esse processo: apesar de não ser um elemento indispensável para um bom sistema de informação organizacional, é um recurso que ajuda (e muito) o gestor, desde que este tenha conhecimento para lidar com as ferramentas e, principalmente, para interpretar os relatórios que todos os *softwares*, aplicativos e programas dessa área são capazes de gerar. Por fim, explicamos que um bom sistema de informação é muito importante para as empresas no que diz respeito à redução de custos, ao aperfeiçoamento de processos (tanto os de produção quanto os de entrega de serviços) e até mesmo à motivação dos colaboradores, bem como afirmamos que a empresa pode agregar elementos catalisadores para potencializar o funcionamento desse sistema na organização.

–Exercícios resolvidos

1. Diferencie os conceitos de *dados* e *informação*.

A diferença entre *dado* e *informação* é a tomada ou não da decisão – ou seja, quando conseguimos identificar, quantificar ou enquadrar qualquer elemento em algum tipo de escala ou classificação, temos um dado, ou, como costumamos dizer, um *dado bruto*. A partir do momento em que damos uma utilidade real a esse dado – ou seja, quando ele serve como base para a tomada de decisão de um gestor –, podemos dizer que ele se transformou em informação.

2. Quais são as principais vantagens de um sistema de informação eficiente e bem estruturado?

Redução de custos, rapidez no acesso às informações, melhoria na produtividade e nos serviços oferecidos, descentralização do poder e do privilégio dos que são familiarizados com o setor, incentivo à busca da informação e sua posterior democratização.

3. Uma das maneiras mais comuns de se incentivar o alimento ao sistema de informação organizacional é o uso do *e-mail*. Muitas empresas não possuem um *link* do tipo "Envie sua sugestão". Essa afirmação é:

( ) Verdadeira

(×) Falsa

A maioria das empresas já conta com um sistema próprio, a intranet, que substitui o *e-mail*, e é por meio dessa ferramenta que o colaborador fornecerá sugestões que podem ou não ser acatadas e premiadas.

–Questões para revisão

1. Um modelo de informação organizacional conta com várias etapas, mas também pode ser feito de maneira quase informal, como na verificação manual de latinhas na prateleira de um supermercado. A qualidade desse

modelo depende do tratamento e da interpretação que se dá às informações fornecidas por ele. Essa afirmação é:

( ) Verdadeira

( ) Falsa

2. São vantagens de um sistema de informação organizacional eficiente e bem montado:

a) Aumento de custos, rapidez no acesso às informações, melhoria na produtividade e nos serviços oferecidos, descentralização do poder e do privilégio dos que estão familiarizados com o setor, incentivo à busca da informação e sua posterior democratização.

b) Redução de custos, rapidez no acesso às informações, melhoria na produtividade e nos serviços oferecidos, centralização do poder e do privilégio dos que estão familiarizados com o setor, incentivo à busca da informação e sua posterior democratização.

c) Redução de custos, rapidez no acesso às informações, melhoria na produtividade e nos serviços oferecidos, descentralização do poder e do privilégio dos que estão familiarizados com o setor, incentivo à busca da informação e sua posterior democratização.

d) Aumento de custos, falta de agilidade no acesso às informações, piora na produtividade e nos serviços oferecidos, descentralização do poder e do privilégio dos que estão familiarizados com o setor, incentivo à busca da informação e sua posterior democratização.

e) Redução de custos, rapidez no acesso às informações, melhoria na produtividade e nos serviços oferecidos, descentralização do poder e do privilégio dos que não estão familiarizados com o setor e desestímulo à busca da informação e sua posterior democratização.

3. Assinale a alternativa que corresponde à definição da diferença entre *dado* e *informação*:

a) Com o dado, é possível identificar, quantificar ou enquadrar qualquer elemento em algum tipo de escala ou classificação; com a informação, não.

b) Com a informação, é possível identificar, quantificar ou enquadrar qualquer elemento em algum tipo de escala ou classificação; com o dado, não.

c) Com a informação, é possível identificar, quantificar ou enquadrar qualquer elemento em algum tipo de escala ou classificação; o dado, por sua vez, surge quando usamos essa informação para a tomada de decisão.

d) Com o dado, é possível identificar, quantificar ou enquadrar qualquer elemento em algum tipo de escala ou classificação; a informação, por sua vez, surge quando usamos esse dado para a tomada de decisão.

e) Esses elementos não apresentam nenhuma relação com a tomada de decisão; na verdade, a diferença entre dados e informação refere-se à quantidade de elementos que conseguimos identificar, quantificar ou enquadrar em algum tipo de escala ou classificação.

4. De que forma a inteligência de mercado se faz presente em um sistema de informação organizacional, muitas vezes, inclusive, sobrepondo-se à tecnologia da informação?

5. Qual deve ser o envolvimento dos gestores do alto escalão com o abastecimento e a utilização do sistema de informação organizacional?

–Questões para reflexão

1. Nas empresas, existe a conscientização de que todos os funcionários, desde o alto escalão, fazem parte de um sistema de informações e que devem mantê-lo atualizado? Justifique sua resposta.

2. Quais são as maiores preocupações que um profissional de OSM deve ter quando da criação de um sistema organizacional de informações?

Para saber mais

O filme O *homem que mudou o jogo* (em inglês, *Moneyball*) mostra a história real de um time de beisebol que passou a tomar todas as decisões de contratação e demissão, bem como a escalação do time final, por meio de um complexo sistema de estatísticas e construção de cenários com base no histórico dos jogadores. Vale a pena conferir.

O HOMEM que mudou o jogo. Direção: Bennett Miller. EUA: Sony Pictures, 2011. 133 min.

capítulo

5

Taís Pasquotto Andreoli

Conteúdos do capítulo

- Conceito de organizações.
- Elementos constituintes das organizações.
- Classificações.
- Imagens das organizações.
- Razão de existência das organizaçãoes.

Após o estudo deste capítulo, você será capaz de:

1. entender o conceito de organização, sua origem e principais concepções, bem como elencar quais são seus principais elementos constituintes;
2. determinar as diferentes classificações das organizações, de acordo com seu setor de atividade comercial, sua composição de capital, seu porte e sua finalidade;
3. compreender a razão de existência das organizações e seu principal propósito, independentemente de suas particularidades.

Organizações e suas atividades

Neste capítulo, discutiremos sobre organizações. Ainda que esse seja um tema habitual, com o qual convivemos diariamente, são necessários alguns conceitos para o estudo dessa temática. O que são organizações? Quais são seus elementos constituintes básicos? Quais são as diferentes formas de visualizá-las? Temos uma diversidade de organizações, mas quais são suas principais classificações? E, por fim, independentemente das características e objetivos específicos de cada organização, existe uma razão de existência comum a todas elas? É o que veremos a seguir.

5.1
Conceito de organizações

Tratar do tema *organizações* parece ser relativamente fácil, já que se trata de algo tão presente na vida cotidiana. Podemos dizer que vivemos em uma sociedade de organizações, ou seja, que as organizações desempenham papel imperativo na sociedade moderna (Chiavenato, 2011). Isso acontece porque o homem moderno não só passa a maior parte da sua vida dentro das organizações, como depende da atuação delas. É nas organizações que o indivíduo vive e trabalha, socializando-se e aprendendo. Além disso, as diversas necessidades dos seres humanos são atendidas pelas organizações – sejam necessidades físicas ou materiais, sejam sociais ou psicológicas (entre outras). Como diz Etzioni (1980, p. 13), "nascemos, vivemos e morremos em organizações".

Para fins acadêmicos, entretanto, é interessante abordamos a origem e o conceito de organização. A palavra *organização* tem origem grega, *organon*, que significa "ferramenta", "instrumento" ou "utensílio", ou seja, a origem da palavra denota algo com o que se trabalha com o objetivo de alavancar ou potencializar esforços.

> Etzioni (1980) propõe o conceito de organização como uma unidade social ou agrupamento humano com várias funções, estruturada para atingir objetivos específicos. De forma similar, Maximiano (1992) define uma organização como uma combinação de esforços individuais que tem por finalidade realizar propósitos coletivos, cuja realização seria impossível sem ela. Srour (1998) especifica mais o objetivo das organizações, conceituando-as como uma coletividade especializada na produção de determinado bem ou serviço.

Dessa forma, notamos que, para esses autores, a organização consiste em uma combinação de agentes sociais e diversos recursos, que, posteriormente, são devidamente coordenados e convertidos em resultados.

Para Kanaane (1994, p. 30), uma organização é "um sistema socialmente estabelecido pelo conjunto de valores expressos pelos indivíduos que dela fazem parte, sendo assimilados e transmitidos sucessivamente por eles". Percebemos, nessa conceituação, o termo *sistema*, que faz menção à complexidade de atividades, ao funcionamento de processos, ao envolvimento de pessoas, ao relacionamento com entidades externas e à gestão e manipulação de diversas informações.

Como sistema, inferimos também que as organizações recebem insumos produtivos do ambiente no qual estão inseridas, submetendo-os ao processo de transformação interno para que resultem em produtos finais, que serão disponibilizados ao mercado consumidor. Como consequência, a organização interage a todo o momento com o ambiente em que atua, influenciando e sendo influenciada por ele.

> **Dica**
> Para relembrar os conceitos referentes aos sistemas e a seu funcionamento, releia o Capítulo 2, "Sistemas e suas atividades".

As organizações são concebidas e deliberadamente construídas e estruturadas para atingir seus objetivos específicos, isto é, trata-se de uma elaboração e execução planejada, projetada especialmente para atender aos fins a que se presta. Da mesma forma, também são reconstruídas, reestruturadas e redefinidas na medida em que novos objetivos surgem ou meios melhores são desenvolvidos. Portanto, as organizações estão inseridas em um processo de constante monitoramento, adaptação, revisão e modificação contínua. Nesse sentido, a organização deve ser vista como um organismo social vivo, sujeito a mudanças e interferências constantes (Chiavenato, 2011).

5.2
Elementos constituintes das organizações

De acordo com Caravantes, Kloeckner e Panno (2005), são quatro os principais elementos constituintes das organizações, a saber: propósito, pessoas, estrutura e tecnologia.

1. **Propósito** – Toda organização é criada para atender a um propósito distinto, um objetivo específico a que se presta. A importância do propósito fica explícita em todas as conceituações de organizações anteriormente discutidas.
2. **Pessoas** – As organizações dependem do desempenho das pessoas que nela trabalham, responsáveis pelo planejamento, organização e execução de suas funções. Trata-se do núcleo central das organizações, fator determinante na sua atuação, sobrevivência e êxito.
3. **Estrutura** – As organizações precisam de uma estrutura para organizar os diversos recursos, esforços, fluxos de atividades e processos envolvidos na sua atuação. Essa estrutura pode funcionar de diversas formas, dependendo da necessidade e das características próprias de cada organização. Esse assunto será mais bem abordado nos próximos capítulos, referentes ao arranjo das organizações e das estruturas organizacionais.
4. **Tecnologia** – A tecnologia se refere ao conhecimento e aos métodos específicos utilizados pelas organizações para alcançar seus objetivos. A tecnologia representa o *know-how* da organização, o modo como ela realiza suas tarefas.

5.3
Classificação das organizações

As organizações, nas suas múltiplas formas e características, podem ser classificadas de acordo com algumas variáveis. Entre as principais, temos o setor de atividade em que atuam, a composição do seu capital, o seu porte e a finalidade de sua atuação.

5.3.1 Setor de atividade: primário, secundário ou terciário

O setor de atividade de uma organização corresponde ao ramo comercial na qual ela atua, que pode ser primário, secundário ou terciário.

O **setor primário** concentra as atividades relacionadas à obtenção de matérias-primas, bens brutos que são extraídos ou mesmo cultivados na natureza. São exemplos de atividades do setor primário a agricultura, a pecuária, a pesca e a mineração.

Figura 5.1 – Exemplos de atividades do setor primário

Crédito: Fotolia

O **setor secundário** é responsável pela transformação das matérias-primas em produtos finais, que serão posteriormente comercializados no mercado consumidor. Trata-se da produção em si, da manufatura, englobando, assim, as indústrias. Dessa forma, o setor secundário atua como elo entre o setor primário, que obtém as matérias-primas, e o terciário, que comercializa o produto final.

Figura 5.2 – Exemplos de atividades do setor secundário

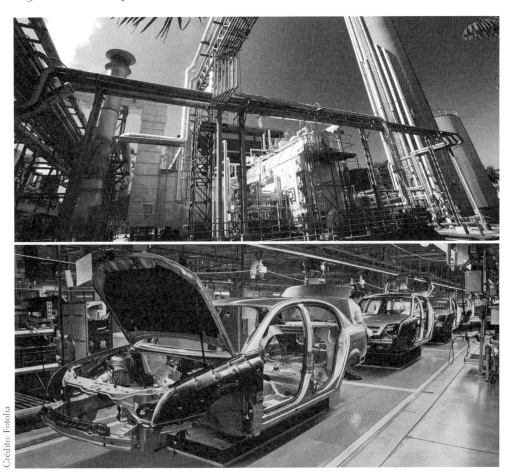

Por fim, o **setor terciário** consiste na comercialização dos produtos industrializados no mercado consumidor. Por isso, relaciona-se esse setor ao comércio e aos serviços em geral.

Figura 5.3 – Exemplos de atividades do setor terciário

Crédito: Fotolia

Atualmente, presenciamos a predominância do setor de serviços na economia nacional e mundial, tanto no número de empregos e empresas quanto no montante de faturamento e representatividade no Produto Interno Bruto – PIB (Andreoli; Resende, 2013).

De acordo com dados do World Bank Data (2015), em nível mundial, no ano de 2012, o setor primário perfez um montante de aproximadamente US$ 3 trilhões arrecadados; o setor secundário, um valor de US$ 31 trilhões, e o terciário, um faturamento de US$ 47 trilhões. Analisando os três setores conjuntamente, notamos que isso resulta em uma representatividade de 4% para o setor primário e 38% para o secundário, enquanto o terciário responde por mais da metade, com 58%.

Também no Brasil se confirma essa preponderância do setor terciário. Enquanto, no mesmo período, o setor primário arrecadou um montante em torno de US$ 100 bilhões, o setor secundário arrecadou US$ 757 bilhões e o setor terciário chegou ao montante de US$ 1 trilhão (World Bank Data, 2015). De forma conjunta, temos uma representatividade de 5% para o setor primário e 41% para o setor secundário, enquanto o terciário responde pela maioria, com 54%.

Dados disponibilizados pelo Instituto Brasileiro de Geografia e Estatística (IBGE) também endossam a preponderância do setor terciário. No ano de 2011, o setor primário respondeu por 5,5% de participação no PIB nacional, enquanto o setor secundário contribuiu com 27,5%, e o terciário, com 67% (IBGE, 2011). Esse cenário também se mantém com relação ao pessoal empregado, sendo o setor primário responsável pelo emprego de 17 milhões de pessoas (24% da mão de obra ativa no país), o setor secundário, por 20 milhões (29%), e o terciário, por 33 milhões (47%) (IBGE, 2009).

Quadro 5.1 – Estatísticas dos setores de atividades

	Valor arrecadado mundial	Valor arrecadado nacional	Participação no PIB	Pessoal ocupado
Setor Primário	3 trilhões (4%)	100 bilhões (5%)	5,5%	17 milhões (24%)
Setor Secundário	31 trilhões (38%)	757 bilhões (41%)	27,5%	20 milhões (29%)
Setor Terciário	47 trilhões (54%)	1 trilhão (54%)	67%	33 milhões (47%)

Fonte: World Bank Data, 2014; IBGE, 2009; IBGE 2011.

5.3.1.1 Visão do direito: primeiro, segundo e terceiro setor

Cabe aqui uma distinção entre a concepção de setor como atividade comercial ou econômica, anteriormente abordada, e a visão sociológica acerca do termo.

Para o campo do direito, o primeiro setor representa o Estado (setor público), o segundo setor é composto pelas organizações de atividade privada (mercado privado) e o terceiro setor constitui as organizações sem fins lucrativos, como as organizações não governamentais – ONGs (sociedade civil).

5.3.2 Capital: público, privado ou misto

Uma organização pode ter capital público, privado ou misto. Uma organização de capital público é uma pessoa jurídica cujo capital é formado unicamente por recursos públicos. Essas organizações são de propriedade única do Estado e administradas pelo Poder Público. Sua criação deve ser autorizada por lei, com a finalidade de servir de instrumento de ação do Estado, seja para desempenhar uma atividade econômica, seja para prestar serviços públicos.

As organizações de capital privado são pessoas jurídicas constituídas por meio do capital dos próprios proprietários e possíveis sócios, que investem por sua própria conta e risco nesse projeto. A criação, a administração e o direcionamento dessas organizações são de inteira responsabilidade de seus gestores, cabendo ao Poder Público apenas fiscalizar sua atuação.

Existem também as organizações de capital misto. Nesses casos, a titularidade é do Poder Público, que mantém sua propriedade e administração. A particularidade é que o capital social é dividido entre particulares (privados), que adquirem suas cotas por meio de compra de ações.

5.3.3 Porte: micro, pequeno, médio ou grande

A classificação do porte das organizações pode se dar de duas formas, de acordo com o critério a ser escolhido: receita operacional bruta anual ou número de empregados.

O Banco Nacional do Desenvolvimento (BNDES) adota como critério a receita operacional bruta anual (em reais), ou seja, todas as vendas realizadas pela organização no ano de atuação. Essa classificação é aplicada de forma indistinta a todos os setores de atividade. Dessa forma, obtemos a seguinte classificação:

Quadro 5.2 – Classificação de porte segundo o BNDES

Porte	Receita operacional bruta anual
Microempresa	Menor ou igual a 2,4 milhões
Pequena empresa	Entre 2,4 e 16 milhões
Média empresa	Entre 16 e 90 milhões
Média-grande empresa	Entre 90 e 300 milhões
Grande empresa	Maior que 300 milhões

Fonte: Adaptado de BNDES, 2015.

Outro critério de classificação é o número de empregados, adotado pelo Serviço Brasileiro de Apoio às Micro e Pequenas Empresas (Sebrae), isto é, a quantidade de funcionários que a organização emprega em sua estrutura funcional. Essa classificação apresenta uma diferenciação entre o setor secundário (indústrias) e o terciário (comércio e serviços). Sendo assim, tem-se a classificação a seguir:

Quadro 5.3 – Classificação de porte segundo o Sebrae

| Porte | Empregados | |
	Indústria	Comércio
Microempresa	Até 19	Até 9
Pequena empresa	Entre 20 e 99	Entre 10 e 49
Média empresa	Entre 100 e 499	Entre 50 e 99
Grande empresa	Mais de 500	Mais de 100

Fonte: Elaborado com base em Sebrae, 2015a.

5.3.3.1 Microempreendedor individual (MEI)

Além dessas classificações, temos uma modalidade de porte para o pequeno empresário, legalizada como Microempreendedor Individual (MEI). Essa categoria foi criada para incentivar a formalização das atividades empresariais no país, oferecendo benefícios como enquadramento no Simples Nacional e isenção de tributos federais. Para se enquadrar como microempreendedor individual, o proprietário não pode ter participação em outra empresa, deve faturar até no máximo 60 mil reais por ano e ter, no máximo, um funcionário (Sebrae, 2015b).

> **Dica**
> Para saber mais sobre as características, as vantagens e os procedimentos para se tornar um microempreendedor individual (MEI), acesse a página específica do Sebrae pelo *link*: <http://www.sebrae.com.br/sites/PortalSebrae/sebraeaz/Microempreendedor-Individual-conta-com-o-Sebrae>.

5.3.4 Finalidade: com ou sem fins lucrativos

Uma grande parte das organizações existentes tem fins lucrativos, ou seja, sua atuação no mercado tem como objetivo rentabilizar seus esforços, tendo em vista sua sobrevivência diante da concorrência. Essas organizações atuam sob a ótica econômica de busca por rentabilidade e lucratividade, contabilizados por meio dos excedentes de seus resultados financeiros. Enquadram-se como *organizações com fins lucrativos* todas aquelas conceituadas como *empresas*.

Por outro lado, proliferam as organizações sem fins lucrativos, que têm outro objetivo além da rentabilidade financeira. Essas organizações têm como intuito prestar algum serviço à sociedade, agregando valor a ela por meio de um propósito social e servindo como produtoras privadas de bens públicos, ou seja, atendendo a demandas que os órgãos públicos não conseguem satisfazer. São exemplos de organizações sem fins lucrativos as organizações não governamentais (ONGs), as instituições de ensino, os sindicatos e as associações.

5.4
Imagens das organizações

Morgan (1986) propõe algumas acepções diferentes para visualizarmos o papel das organizações, conceituadas como *imagens das organizações*, que se baseiam em metáforas. É interessante ressaltarmos que uma concepção não elimina a outra, ou seja, a organização pode ser encarada sob a perspectiva de uma, duas ou mais imagens propostas (ou mesmo todas).

Segundo o citado autor, as organizações podem ser vistas como: máquinas, organismos, cérebros, culturas, sistemas políticos, prisões psíquicas, fluxo e transformação ou instrumentos de dominação.

5.4.1 Organizações vistas como máquinas

As organizações, quando vistas como máquinas, representam uma visão mecanicista, na qual as pessoas são visualizadas como peças, com funções claramente definidas, que devem ser interligadas para que o todo opere em sua plenitude. Essa concepção também prega que as organizações funcionam de modo rotinizado, padronizado e, por isso, previsível.

Cabe lembrarmos que esse era o pressuposto seguido pela abordagem clássica, conforme abordamos em capítulos anteriores.

5.4.2 Organizações vistas como organismos

Nessa concepção, propõe-se uma visão orgânica das organizações. A empresa funciona como um organismo vivo, constantemente influenciável e continuamente adaptável a si mesma e ao ambiente em que vive. Sendo assim, o comportamento não é padronizado, muito menos previsível.

Essa é a visão proposta pela abordagem sistêmica, conforme discutido em capítulos anteriores.

Dica

No Capítulo 7, "Estruturas organizacionais", apresentaremos mais detalhes a respeito das visões mecanicista e orgânica.

5.4.3 Organizações vistas como cérebros

A metáfora de organizações vistas como cérebros ressalta a importância da aprendizagem e da inteligência organizacionais. Nessa concepção, ganha destaque o processamento de informações, fonte de conhecimento da organização. Sendo assim, utiliza-se como modelo de comparação o funcionamento de um computador, que deve processar os dados de entrada e transformá-los em informações inteligíveis às pessoas de interesse. Ressalta-se, também, nessa visão, o papel do planejamento e do autogerenciamento das empresas, atentando para sua administração estratégica.

5.4.4 Organizações vistas como culturas

As organizações vistas como culturas apontam para a realidade socialmente construída no interior das organizações, que estipula as regras, as normas, os valores, as crenças e os padrões de comportamento a serem seguidos pelos indivíduos que pertencem a ela. Essa cultura provê sentido para os colaboradores, dando-lhes significado individual, grupal e organizacional.

5.4.5 Organizações vistas como sistemas políticos

A perspectiva de organizações como sistemas políticos se assemelha à anterior (vistas como culturas), na medida em que também acredita na ideia de realidade socialmente construída. A diferença é que o interesse aqui é analisar os diferentes conjuntos de interesses, conflitos e jogos de poder dentro do ambiente organizacional. Também enfatiza os princípios políticos que legitimam determinadas regras e comportamentos dos funcionários, formando a política da organização.

5.4.6 Organizações vistas como prisões psíquicas

Nessa concepção, as organizações são vistas como prisões psíquicas porque aprisionam os indivíduos, enviesando seus pensamentos, suas crenças e suas preocupações referentes ao ambiente organizacional.

Essa metáfora propõe que os funcionários da organização caem em armadilhas geradas por formas assumidas de raciocínio, ou seja, seguem aquilo em que a maioria já acredita e faz na organização, sem se questionar se essa atividade é correta. Dessa forma, na medida em que esses ensinamentos são compartilhados e tidos como verdadeiros, aumenta-se a tendência de mantê-los ou de aprisionar-se a eles.

Para ilustrarmos como essa dinâmica funciona, podemos recorrer à alegoria da caverna de Platão, um mito que narra a vida de pessoas acorrentadas em uma caverna subterrânea. Esses moradores apenas enxergam sombras de pessoas e objetos projetados em uma parede por uma fogueira. Como essa é a única realidade que conhecem, essas sombras se tornam o padrão de verdade. Além disso, a alegoria sugere que, mesmo que algum prisioneiro conseguisse se soltar e saísse da caverna para enxergar o mundo como de fato é (ou seja, conseguisse se libertar da prisão psíquica), explicar e convencer seus colegas ainda aprisionados seria difícil, se não impossível.

Caverna de Platão

Imagine, pois, homens que vivem em uma morada subterrânea em forma de caverna. A entrada se abre para a luz em toda a largura da fachada. Os homens estão no interior desde a infância, acorrentados pelas pernas e pelo pescoço, de modo que não podem mudar de lugar nem voltar a cabeça para ver algo que não esteja diante deles. A luz lhes vem de um fogo que queima por trás deles, ao longe, no alto. Entre os prisioneiros e o fogo, há um caminho que sobe. Imagine que esse caminho é cortado por um pequeno muro, semelhante ao tapume que os exibidores de marionetes dispõem entre eles e o público, acima do qual manobram as marionetes e apresentam o espetáculo. Então, ao longo desse pequeno muro, imagine homens que carregam todo o tipo de objetos fabricados, ultrapassando a altura do muro; estátuas de homens, figuras de animais, de pedra, madeira ou qualquer outro material. Provavelmente, entre os carregadores que desfilam ao longo do muro, alguns falam, outros se calam.

Você pensa que, na situação deles, eles tenham visto algo mais do que as sombras de si mesmos e dos vizinhos que o fogo projeta na parede da caverna à sua frente? Assim sendo, os homens que estão nessas condições não poderiam considerar nada como verdadeiro, a não ser as sombras dos objetos fabricados.

Veja agora o que aconteceria se eles fossem libertados de suas correntes e curados de sua desrazão. Tudo não aconteceria naturalmente como vou dizer? Se um desses homens fosse solto, forçado subitamente a levantar-se, a virar a cabeça, a andar, a olhar para o lado da luz, todos esses movimentos o fariam sofrer; ele ficaria ofuscado e não poderia distinguir os objetos, dos quais via apenas as sombras anteriormente. Na sua opinião, o que ele poderia responder se lhe dissessem que, antes, ele só via coisas sem consistência, que agora ele está mais perto da realidade, voltado para objetos mais reais, e que está vendo melhor? O que ele responderia se lhe designassem cada um dos objetos que desfilam, obrigando-o com perguntas, a dizer o que são? Não acha que ele ficaria embaraçado e que as sombras que ele via antes lhe pareceriam mais verdadeiras do que os objetos que lhe mostram agora? E se o forçassem a olhar para a própria luz, não achas (sic) que os olhos lhe doeriam, que ele viraria as costas e voltaria para as coisas que pode olhar e que as consideraria verdadeiramente mais nítidas do que as coisas que lhe mostram?

> É preciso que ele se habitue, para que possa ver as coisas. Ele distinguirá mais facilmente as sombras, depois, as imagens dos homens e dos outros objetos refletidas na água, depois os próprios objetos.
>
> Nesse momento, se ele se lembrar de sua primeira morada, da ciência que ali se possuía e de seus antigos companheiros, não acha que ficaria feliz com a mudança e teria pena deles? Reflita ainda nisto: suponha que esse homem volte à caverna e retome o seu antigo lugar. E se ele tivesse que emitir de novo um juízo sobre as sombras e entrar em competição com os prisioneiros que continuaram acorrentados, enquanto sua vista ainda está confusa, seus olhos ainda não se recompuseram, enquanto lhe deram um tempo curto demais para acostumar-se com a escuridão, ele não ficaria ridículo? Os prisioneiros não diriam que, depois de ter ido até o alto, voltou com a vista perdida, que não vale mesmo a pena subir até lá? E se alguém tentasse retirar os seus laços, fazê-los subir, você acredita que, se pudessem agarrá-lo e executá-lo, não o matariam?

Fonte: Adaptado de Platão, citado por Marcondes, 2000, p. 62.

5.4.7 Organizações vistas como fluxo e transformação

A perspectiva de organizações como fluxo e transformação ressalta, por diversas razões, o papel autoprodutor da empresa, bem como a lógica de mudança que permeia o contexto no qual estão inseridas:

- Primeiro, porque as organizações funcionam como sistemas que transformam os elementos de entrada em resultados finais para saída, com todos os fluxos de insumos, esforços e informações envolvidos nesse processo. Ao fazerem isso, as organizações contribuem para que haja mudanças internas, não só de materiais, como também de conhecimento e desempenho organizacional.
- Segundo, como as organizações se relacionam entre si e com o ambiente em que atuam, influenciando e sendo influenciadas por eles, ao modificarem a si mesmas, isso também contribui para provocar mudanças em geral. É como se fosse um efeito dominó, no qual um pequeno movimento é capaz de desencadear todo um processo de mudança no restante.

5.4.8 Organizações vistas como instrumentos de dominação

Na metáfora de organizações como instrumentos de dominação, ilustra-se a maneira como as organizações utilizam-se de diversos recursos e ações (inclusive de pessoas e da sociedade em geral) para atingir seus objetivos. Esse processo de dominação se caracteriza pela imposição dos propósitos da organização, em detrimento dos desejos de outras pessoas.

5.5
Razão de existência

Toda e qualquer organização, independentemente de sua natureza, tem como objetivo o atendimento do seu mercado consumidor. Não importa se se trata de uma empresa de capital privado com fins lucrativos ou de uma instituição pública sem fins lucrativos, a razão de existência sempre será a entrega de determinado produto ao público-alvo da organização.

Entendemos como *produto* qualquer bem ou serviço que a organização prepara para disponibilizar no mercado, seja essa entrega feita mediante rentabilidade financeira, seja por meio de outros tipos de remuneração. Portanto, não é necessário que exista troca de capital financeiro para que se concretize uma entrega de produto, já que algumas organizações não têm fins lucrativos, como é o caso das ONGs.

Uma companhia aérea deve produzir e disponibilizar serviços de transporte aéreo aos seus passageiros; uma editora deve redigir e publicar livros a seus leitores; um hospital tem de atender seus pacientes; uma instituição filantrópica tem de recolher e direcionar ou converter as doações em benfeitorias às pessoas atendidas por ela; entre outras dezenas de exemplos.

> **Lembre-se**
> Toda e qualquer organização, independentemente de sua natureza e particularidades, tem como objetivo o atendimento do seu mercado consumidor.

–Síntese

Neste capítulo, demonstramos que vivemos em uma sociedade de organizações, onde estas desempenham papel imperativo, fazendo parte substancial da vida humana. Explicamos que sua importância reside no fato de ser um local de trabalho e atuação profissional, convívio social, desenvolvimento de habilidades e aprendizado e atendimento às necessidades físicas, materiais, sociais ou psicológicas. Além disso, afirmamos que as organizações são responsáveis pela criação de bens e serviços, bem como pela sua comercialização ou disponibilidade no mercado, negociando valores e criando riqueza.

Demonstramos que as organizações são propositada e planejadamente construídas, combinando e coordenando variados esforços individuais e demais recursos para atingir seus objetivos específicos. Por estarem inseridas em (e dependerem de) um ambiente em constante mudança, as organizações também se reestruturam continuamente para se adaptar aos novos paradigmas. Como um organismo vivo, as organizações devem estar em constante monitoramento e acompanhamento, adaptando-se ao meio em que atuam.

Apresentamos as várias formas de se visualizar o papel das organizações (metáforas ou imagens das organizações) e também diferentes maneiras de classificá-las (por exemplo, de acordo com o setor de atividade comercial, a composição de capital, o porte e a finalidade de atuação). Além disso, independente da sua concepção e classificação, toda e qualquer organização tem como razão de existência básica a entrega de um determinado bem ou serviço ao seu público-alvo, atendendo ao seu mercado consumidor.

–Exercícios resolvidos

1. (Adaptada de UnB/Cespe, AGU, 2010) Com relação às características básicas da administração (na visão do direito), julgue o item a seguir: O denominado *primeiro setor* corresponde às empresas, o segundo setor representa o governo e o chamado terceiro setor compreende as organizações de utilidade pública, que têm origem na sociedade e no governo, independentemente de terem ou não fins lucrativos. Essa afirmação é:

   ( ) Verdadeira

   (×) Falsa

   Para o campo do direito, o primeiro setor representa o Estado (setor público), o segundo setor é composto pelas organizações de atividade privada (mercado privado) e o terceiro setor se constitui das organizações sem fins lucrativos, como as organizações não governamentais – ONGs (sociedade civil).

2. Quais são os principais elementos constituintes de uma organização?
   De acordo com Caravantes, Kloeckner e Panno (2005), são quatro os principais elementos constituintes das organizações: propósito, pessoas, estrutura e tecnologia.

3. (Adaptada de Cesgranrio, BNDES, 2011) Embora a administração seja uma prática muito antiga, sua abordagem como ciência teve início com o desenvolvimento das teorias da administração cujos precursores foram Taylor e Fayol, com a administração científica e a teoria clássica, respectivamente. Isso ficou

conhecido como *abordagem clássica*, que se desenvolveu sob uma abordagem mecanicista. Essa afirmação é:

(×) Verdadeira

( ) Falsa

A abordagem clássica consiste na primeira teoria da administração, concentrando a administração científica de Taylor e a teoria clássica de Fayol.

4. (Adaptada de UnB/Cespe, EBC, 2011) Julgue o item que se segue, referente a organizações, sistemas e métodos: Proposto por Morgan, o modelo orgânico de instituição assemelha-se, na natureza, a um organismo vivo, sendo, portanto, capaz de se adaptar a certas condições ambientais. Essa afirmação é:

(×) Verdadeira

( ) Falsa

Lembre-se de que, para Morgan, são várias as concepções das organizações, teoria que ficou consolidada como *imagens da organização*. Uma delas é a visão das organizações como organismos vivos, constantemente influenciáveis e continuamente adaptáveis a si mesmas e ao ambiente em que vivem.

Questões para revisão

1. (Adaptada de UnB/Cespe, INSS, 2008) Acerca de instituição, organização e empresa, julgue o item subsequente:

   Uma empresa que presta serviços educacionais na formação de técnicos em diferentes áreas é classificada na área econômica como pertencente ao setor primário. Essa afirmação é:

   ( ) Verdadeira

   ( ) Falsa

2. (Adaptado de UnB/Cespe, INSS, 2008) Acerca de instituição, organização e empresa, julgue o item subsequente:

   Pode ser classificada como pertencente ao setor secundário da economia uma empresa que atua na área de indústria farmacêutica. Essa afirmação é:

   ( ) Verdadeira

   ( ) Falsa

3. Quais são os critérios mais comuns de classificação das organizações? Explique.

4. Por que podemos dizer que vivemos hoje em uma sociedade de organizações? Justifique sua resposta.

5. (Adaptada de UnB/Cespe, DPF/DGP, 2004) Em meio a tanta notícia ruim, acaba de aparecer uma que ainda consegue ser pior, porque ameaça não apenas o presente, mas o futuro de nosso futuro, ou seja, as crianças e os adolescentes. Se hoje suas vidas já são o que são, a perspectiva para os próximos anos é de aumento da violência e da desnutrição, e de queda na qualidade da educação. No relatório divulgado pela Organização das Nações Unidas (ONU), essa talvez seja a revelação mais inquietante. O que será o amanhã em que meninos e meninas estarão mais desnutridos, menos educados e mais violentos? O diagnóstico foi elaborado por 27 ONGs que monitoram políticas públicas nessa área – entre as quais Unesco, Unicef, fundações Orsa e Abrinq – depois de analisarem o cumprimento das 21 metas do plano **Um Mundo para Crianças**, ratificadas pelo Brasil e por mais 188 países. Quanto à educação, há pelo menos duas previsões desanimadoras: taxa de escolarização no ensino médio 15,73% abaixo do prometido e atendimento na primeira infância aquém do esperado. Em relação à violência, o quadro é até previsível. De 1992 a 2002, os homicídios de pessoas de até 17 anos de idade aumentaram 136% – de 3 para 7,1 mortes por 100 mil habitantes.

Fonte: VENTURA, Z. O que será o amanhã? **O Globo**, Rio de Janeiro, p. 7, 11 ago. 2004. (Com adaptações).

Com base no texto apresentado e considerando as múltiplas implicações do tema por ele abordado, julgue o item subsequente: O texto reporta-se a trabalho realizado por organizações não governamentais (ONGs), as quais traduzem um modo de atuação na sociedade muito próprio do mundo contemporâneo, cuja presença em escala planetária afirma-se de maneira crescente, em especial a partir das últimas décadas do século XX. Essa afirmação é:

( ) Verdadeira

( ) Falsa

Questões para reflexão

Vimos que, para Morgan (1986), são várias as formas de visualizar as organizações, teoria denominada de *imagens da organização*. Pensando que o homem vive, nasce e morre em organizações, reflita:

1. Em sua opinião, qual das imagens da organização de Morgan (1986) reflete mais a importância da atuação organizacional na vida dos funcionários?

2. Em contrapartida, qual dessas imagens é menos impactante nesse sentido?

3. Você consegue pensar em uma organização e ilustrar todas as imagens da organização de Morgan (1986) nela?

Para saber mais

Uma ONG de grande destaque nacional e internacional é o Greenpeace, que busca proteger o meio ambiente. Você pode ver mais informações sobre a instituição em:

GREENPEACE. Disponível em: <http://www.greenpeace.org/brasil/pt>. Acesso em: 11 jun. 2015.

capítulo

6

Taís Pasquotto Andreoli

Conteúdos do capítulo

- Funções das organizações e da administração.
- Função administrativa.
- Função *organizar*.
- Organização vertical e horizontal.
- Organização formal e informal.
- Divisão vertical.
- Divisão horizontal.

Após o estudo deste capítulo, você será capaz de:

1. visualizar as funções básicas da organização, dentre elas a função administrativa, compreendendo os elementos da administração e suas principais responsabilidades (planejar, organizar, liderar e controlar);

2. diferenciar o conceito de *organização como entidade social* do conceito de *organização como função administrativa*;

3. apontar as contribuições de Fayol e sua teoria clássica, desenvolvida por volta de 1900, no sentido de estruturar e organizar as organizações;

4. distinguir a compreensão de organização formal e informal, abarcando as premissas e a visão de cada abordagem;

5. compreender a divisão vertical das organizações, com a questão da hierarquia, os três níveis hierárquicos básicos das organizações (estratégico, tático e operacional) e a centralização ou descentralização organizacional;

6. identificar a divisão horizontal das organizações, com a divisão de funções e a departamentalização, inclusive apreendendo os tipos ou critérios mais comumente utilizados para a departamentalização organizacional (por função, por produto, por localização geográfica, por cliente, por processo, por projeto e mista).

Organizando as organizações

Abordaremos neste capítulo a temática *organização das organizações*. Mas de onde surgiu e quais foram os primeiros esforços no sentido de organizar as organizações? Como podemos fazer isso? O que é organização formal e informal? Devemos organizar nossa empresa tanto de forma vertical quanto horizontal? Qual é a diferença entre essas duas formas de divisão? Quais são as variáveis e as particularidades de cada uma delas? Vamos em busca das respostas.

6.1
Funções das organizações

Ainda no início da administração como corpo científico, quando imperava a abordagem clássica, Fayol – com sua teoria clássica – definiu que uma organização deveria atender a seis funções básicas (Chiavenato, 2011):

1. **Função administrativa** – Responsável pela integração e coordenação das demais funções da organização.
2. **Função técnica** – Relacionada à produção de bens ou serviços da organização.
3. **Função comercial** – Referente à comercialização de insumos e produtos finais.
4. **Função financeira** – Ligada à captação e a gerências de capitais.

5. **Função contábil** – Diz respeito à contabilidade da organização, como a realização de inventários, registros e balanços.
6. **Função de segurança** – Responsável pela proteção e preservação de bens e capitais da organização.

Para você entender melhor como são organizadas as organizações, vamos focar o nosso estudo na função administrativa e nas funções básicas que ela engloba.

6.1.1 A função administrativa

Em relação à função administrativa, Fayol estabeleceu que existem cinco elementos primários ou funções básicas no contexto de administração das organizações, que são: *planejar*, *organizar*, *comandar*, *coordenar* e *controlar*.

Quadro 6.1 – Funções das organizações e da administração

Funções das Organizações	
Administrativa	Planejar
Técnica	Organizar
Comercial	Comandar
Financeira	Coordenar
Contábil	Controlar
De segurança	

Essas cinco funções foram posteriormente atualizadas, condensando as funções *coordenar* e *comandar* em torno da função *liderar*. Dessa forma, atualmente, são quatro as funções básicas da administração: *planejar*, *organizar*, *liderar* e *controlar* (Williams, 2010). Mas qual é a finalidade ou a importância de cada uma delas? É o que veremos a seguir:

- **Função *planejar*** – Cabe à função *planejar* especificar os objetivos a serem buscados pela organização, bem como as ações que a organização tomará para atingi-los. É de responsabilidade dessa função a análise dos ambientes interno e externo, confrontando as potencialidades e fraquezas da organização com as ameaças e oportunidades do ambiente em que atua. Com base nisso, parte-se para a determinação das metas e dos objetivos da organização, bem como para o desenvolvimento de planos na busca de alcançá-los, especificando as atividades e os métodos a serem seguidos.
- **Função *organizar*** – A função *organizar* deve combinar, coordenar e integrar os diversos recursos organizacionais – físicos, financeiros ou humanos. Essa função deve alocar os recursos certos nas condições demandadas e

no momento necessário. São exemplos de decisões da função *organizar*: especificar funções, dividir responsabilidades e estruturar a organização; alocar funcionários em funções pertinentes ao seu conhecimento; gerir os insumos produtivos para que sejam transformados em produtos finais a serem comercializados no mercado consumidor.

- **Função *liderar*** – A função *liderar*, também conhecida como *dirigir*, está relacionada ao envolvimento e à motivação dos funcionários. Nesse sentido, é de responsabilidade dessa função a orientação, a coordenação e o comando dos diversos esforços, para que, de forma integrada e harmônica, trabalhem juntos rumo ao êxito das metas estipuladas.

- **Função *controlar*** – A função *controlar* é responsável pela mensuração e pelo monitoramento do desempenho dos processos de negócios e do funcionamento da organização como um todo. Deve analisar constantemente o andamento dos processos e seus resultados, no sentido de comparar se o que foi de fato obtido pela organização equivale ao que foi previamente planejado por ela. Dessa forma, a função *controlar* serve para identificar os pontos positivos e negativos no funcionamento da organização, permitindo que tanto os acertos sejam mantidos quanto que possíveis pontos de melhoria sejam identificados, corrigindo e revertendo determinados desvios e falhas.

Importante

Um processo de especial importância para a função *controlar* é o mecanismo de *feedback* ou retroalimentação. Para relembrar esse conceito, retome a leitura do Capítulo 2, "Sistemas e suas atividades", Seção 2.2, "Estrutura e partes constituintes de um sistema".

Dessa forma, podemos observar que é necessário distinguir, primeiramente, o conceito de organização como entidade social do conceito de organização como função ou técnica de organizar. Conforme vimos no capítulo anterior, o primeiro conceito se refere a um agrupamento ou empreendimento humano, intencionalmente criado e recriado para atingir determinados objetivos, por meio da reunião e da interação de pessoas. Já a técnica de organizar é uma das funções administrativas, responsável pela correlação de diferentes atividades e coordenação dos variados esforços envolvidos em uma organização. Essa técnica é a temática do nosso capítulo.

6.1.2 A função *organizar* da administração

A teoria clássica da administração, desenvolvida por Henri Fayol por volta de 1900, representou o primeiro esforço de organização das organizações. Dentro do contexto da Revolução Industrial, Fayol acreditava que a máxima eficiência organizacional poderia ser alcançada por meio da análise e do desenvolvimento de uma estrutura adequada às necessidades da empresa (Chiavenato, 2011). Dessa forma, ele propôs a organização das diferentes áreas componentes de uma organização, a delimitação da hierarquia, a definição dos níveis de autoridade e a divisão de responsabilidades.

6.2 Organização vertical e horizontal

Fayol, no contexto da função *organizar* da administração, estruturou e dividiu as organizações em dois sentidos: vertical e horizontal. Observe a Figura 6.1.

Figura 6.1 – Organização vertical e horizontal

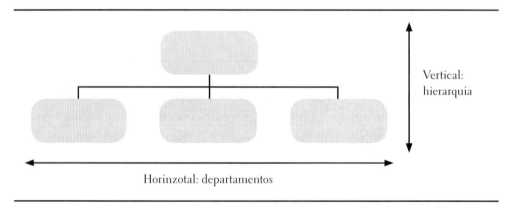

Horinzotal: departamentos

Agora que você já visualizou essa divisão, vamos entender mais a fundo de que forma ela funciona.

6.2.1 Organização vertical: hierarquia

A organização vertical está relacionada à hierarquização da organização, responsável por regulamentar os seus níveis de autoridade e responsabilidade. Em outras palavras, a hierarquia estabelece as relações de poder dentro das organizações, definindo as responsabilidades de cada função ou cargo.

De uma maneira geral, são três os níveis hierárquicos mais comuns nas organizações: nível estratégico, nível tático e nível operacional. Além da questão hierárquica, esses três níveis se distinguem basicamente em termos de tempo e escopo ou competência.

Figura 6.2 – Níveis hierárquicos

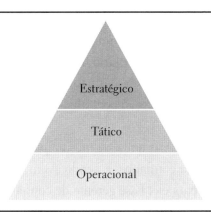

- **Nível estratégico** – O nível estratégico geralmente se refere à alta administração, responsável por pensar na organização como um todo. Assim sendo, o escopo de atuação do nível estratégico é bastante amplo, considerando todo o contexto de atuação da organização. Como consequência dessa abrangência, o planejamento desse nível é de longo prazo, geralmente realizado em um período de cinco anos.
- **Nível tático** – O nível tático está relacionado à média gerência, responsável pelas unidades ou áreas funcionais da organização. Quanto ao escopo de atuação, trata-se de um desmembramento do nível estratégico, detalhando as funções para um período mais curto, de médio prazo, geralmente de um ano.
- **Nível operacional** – O nível operacional diz respeito à execução das operações cotidianas da organização, respondendo pelas atividades básicas de cada unidade ou área funcional. Nesse âmbito, detalham-se mais ainda as atividades do nível tático, que, por sua vez, foram desmembradas do nível estratégico. Sendo assim, compõe as decisões de curto prazo, geralmente diárias, semanais ou mensais.

Ao trabalhar com os níveis hierárquicos de uma organização, torna-se pertinente considerar também as questões de centralização e descentralização organizacional.

6.2.1.1 Centralização e descentralização

A centralização representa o quanto a autoridade está concentrada nos níveis hierárquicos mais altos, ou seja, o quanto o nível estratégico ou a alta direção concentram o poder e as decisões acerca da organização. Em contrapartida, a descentralização denota o quanto essa autoridade é diluída entre os diferentes níveis hierárquicos, delegando poderes e responsabilidades por toda a organização.

Vamos supor que você trabalhe em um restaurante. Em uma primeira situação, imagine que, apesar de existir um gerente de apoio ou mesmo cozinheiros-chefes, seu chefe (no caso, o proprietário ou algum sócio proprietário) assume a responsabilidade total por todas as decisões e funções estratégicas. Podemos notar, assim, que se trata de uma organização centralizada, com concentração de hierarquia no papel do proprietário.

Por outro lado, vamos pensar que esse mesmo proprietário tenha recrutado e treinado um gerente de sua confiança, e, sendo assim, delegue a maior parte de suas responsabilidades para ele. Esse gerente de confiança também acredita em funcionários autogerenciáveis e, por isso, delegou parte de seus encargos para alguns cozinheiros-chefes. Ao contrário da primeira situação, podemos ver que impera agora um modelo descentralizado, com o poder distribuído para algumas pessoas, diluindo-se dentro da organização.

6.2.2 Organização horizontal

A organização horizontal, por outro lado, distingue os diferentes tipos de atividades da empresa que são verificados em um mesmo nível hierárquico. Essa divisão está associada à departamentalização do empreendimento, ou seja, à divisão de departamentos ou áreas responsáveis por um conjunto de tarefas ou funções similares, sendo que todas seguem as mesmas relações de autoridade. São seis os critérios de departamentalização mais comumente utilizados (Chiavenato, 2011):

1. por função;
2. por produto;
3. por localização geográfica;
4. por cliente;
5. por processo;
6. por projetos.

6.2.2.1 Departamentalização por função

A departamentalização por função consiste na divisão dos órgãos da administração de acordo com a tarefa e a responsabilidade a que se destinam, agrupando-os em torno de funções similares. Basicamente, são quatro os departamentos ou áreas funcionais mais comumente encontradas nas organizações:

1. *Marketing*;
2. Recursos Humanos;
3. Produção;
4. Finanças.

A seguir, faremos uma breve explicação sobre cada uma delas.

Figura 6.3 – Exemplo de departamentalização por função

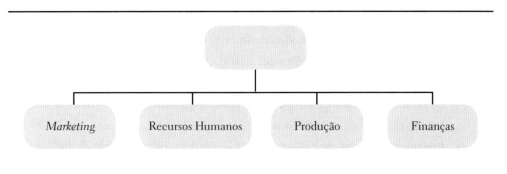

- *Marketing* – O Setor de *Marketing* é responsável por todo o relacionamento da organização com o mercado consumidor. Inicialmente, as atividades dessa área se concentram nas pesquisas de mercado e na verificação das demandas do público-alvo e da capacidade da organização de atendê-las. Posteriormente, o setor emprega seus esforços no desenvolvimento do produto em si, atentando para a qualidade a ser atendida. Também são de responsabilidade dessa área a política de preços praticada pela organização e todo o trabalho de promoção dos produtos e de sua distribuição nos mercados. Por fim, o *Marketing* também deve manter contato constante com o mercado consumidor, a fim de verificar a satisfação dos clientes em relação aos produtos e à própria organização, bem como investigar possíveis novas demandas.
- **Recursos Humanos** – A área de Recursos Humanos (ou Gestão de Pessoas) concentra todas as atividades referentes à mão de obra empregada na organização. São de responsabilidade dessa área: o recrutamento e a seleção de novos funcionários; a negociação de condições de contratação (benefícios, salário, carga horária); a alocação do funcionário em uma função adequada às suas habilidades; a capacitação da mão de obra, com a disponibilização de cursos, palestras ou treinamentos; a constante manutenção do

corpo de funcionários, verificando se as condições de trabalho oferecidas pela empresa são compatíveis com o mercado; assim como os eventuais desligamentos.

- **Produção** – A área de Produção engloba todos os fatores e processos envolvidos no planejamento, desenvolvimento e disponibilização de produtos de uma organização ao seu mercado consumidor. É de responsabilidade desse setor que os produtos da organização sejam entregues aos consumidores nos prazos e nas condições demandadas. Para tanto, deve-se atentar para questões como compra e gestão de insumos produtivos (quantidade, prazo, características, transporte e armazenamento), processo de transformação desses insumos em produtos finais (etapas e ciclos do processo, emprego de mão de obra, sequência e encadeamento das atividades, disponibilização dos materiais e ferramentas necessárias, planejamento do fluxo produtivo, com disposição dos maquinários e definição do arranjo físico), mensuração e controle do desempenho, com análise dos resultados e políticas de manutenção ou melhoria, entre outros.

- **Finanças** – A área de Finanças (ou Gestão Financeira) cuida de toda a parte financeira de uma organização, a saber: os custos fixos e variáveis; as despesas adicionais; as rendas fixas e variáveis; os lucros obtidos; os investimentos necessários e sua respectiva alocação; enfim, todo o histórico financeiro da organização.

6.2.2.2 Departamentalização por produto

A departamentalização por produto envolve a diferenciação e o agrupamento das atividades da organização de acordo com seus resultados finais, ou seja, segundo os bens e serviços a serem disponibilizados ao mercado consumidor. Cada departamento fica inteiramente responsável pela elaboração do produto que lhe foi destinado. Dessa forma, todas as tarefas pertinentes a determinado bem são associadas, mesmo que se diferenciem em termos de função ou processo.

Figura 6.4 – Exemplo de departamentalização por produto

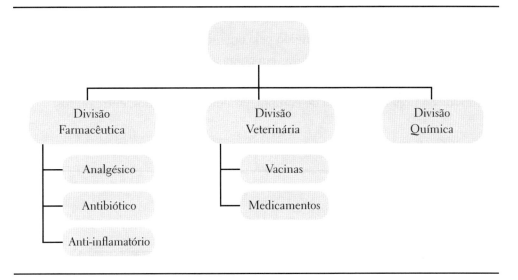

Fonte: Adaptado de Chiavenato, 2011, p. 199.

6.2.2.3 Departamentalização por localização geográfica

A departamentalização por localização geográfica, também conhecida como *departamentalização territorial*, é pautada pela separação e junção das atividades de acordo com a localização onde o trabalho será realizado ou mesmo a área de mercado a ser atingida pela organização. Geralmente, esse modelo é utilizado por organizações que atuam em mercados dispersos, devendo, assim, gerenciar de maneira independente as atividades de cada local.

Figura 6.5 – Exemplo de departamentalização por localização geográfica

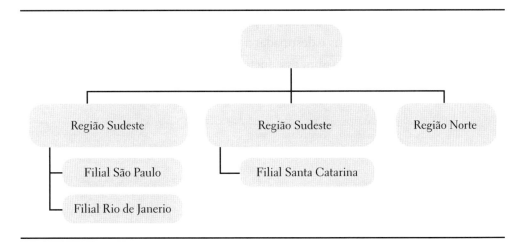

Fonte: Adaptado de Chiavenato, 2011, p. 201.

6.2.2.4 Departamentalização por cliente

A departamentalização por cliente consiste na divisão e no agrupamento de acordo com o consumidor final a ser atingido pela organização. Por utilizar a clientela como critério, esse método deve levar em conta as variáveis desse consumidor final, tanto em relação ao seu perfil (sexo, idade, renda, escolaridade etc.) quanto aos hábitos de compra (frequência de compra, produtos comprados, entre outros).

Figura 6.6 – Exemplo de departamentalização por cliente

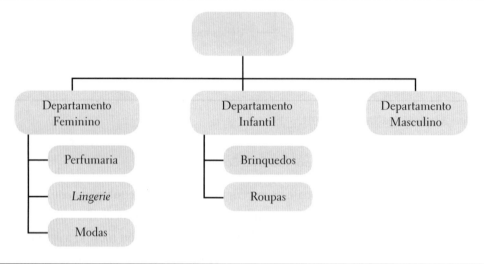

Fonte: Adaptado de Chiavenato, 2011, p. 203.

6.2.2.5 Departamentalização por processo

A departamentalização por processo divide e agrupa as tarefas em torno do processo produtivo a que se destinam. Por *processo produtivo* entendemos uma série de atividades encadeadas e destinadas a atingir um objetivo em comum, no caso, o produto final. Sendo assim, esse método deve considerar o arranjo físico da produção, bem como o fluxo e a sequência do processo produtivo.

Figura 6.7 – Exemplo de departamentalização por processo

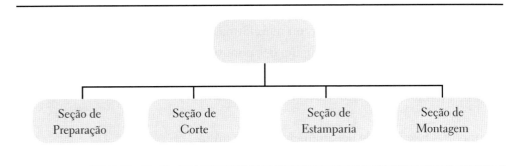

Fonte: Adaptado de Chiavenato, 2011, p. 203.

6.2.2.6 Departamentalização por projeto

A departamentalização por projeto separa e une as atividades organizacionais de acordo com as necessidades de entrada, execução e saída de cada projeto específico. Quando falamos de *projetos*, devemos lembrar que se trata de uma produção customizada, ou seja, feita de acordo com as necessidades particulares de cada cliente. Dessa forma, a gestão de projetos tem como característica a alta variabilidade de produtos e o baixo volume de produção, o que demanda uma flexibilidade operacional do processo produtivo da organização. Esse método segue uma lógica semelhante à departamentalização por produtos, diferenciando-se daquela por se tratar de uma produção com prazo determinado, ou seja, os projetos têm ciclos de vida específicos, com prazo de início e término.

Figura 6.8 – Exemplo de departamentalização por projeto

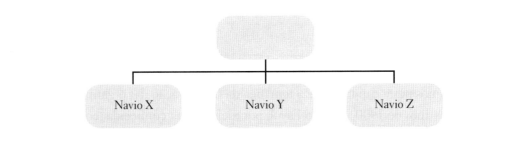

Fonte: Adaptado de Chiavenato, 2011, p. 203.

6.2.2.7 Departamentalização mista

A departamentalização *mista*, como o próprio nome sugere, decorre da demanda da organização de combinar duas ou mais formas de departamentalização a fim de atender aos seus propósitos. Na Figura 6.9, por exemplo, temos, em primeiro lugar, um caso de departamentalização por função, seguido de departamentalização por produtos, por processo e por função, respectivamente.

Figura 6.9 – Exemplo de departamentalização mista

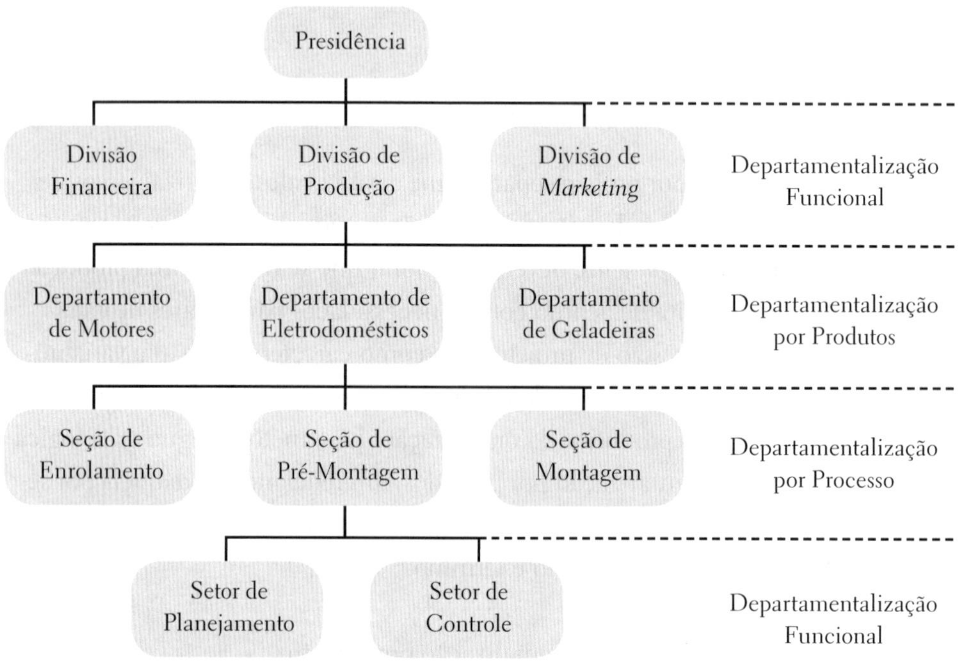

Fonte: Chiavenato, 2011, p. 209.

– Síntese

Demonstramos neste capítulo que a temática da organização das organizações remonta aos anos de 1900, quando Fayol, por meio de sua conhecida teoria clássica da administração, enfatizou de forma precursora a questão da estrutura organizacional, dando ênfase à sua organização interna. Entre as funções organizacionais definidas por Fayol, a função administrativa se concentra em torno de quatro funções básicas: *planejar, organizar, liderar* e *controlar*, característica que evidencia ainda mais a seriedade dessa temática. Além disso, apresentamos neste capítulo os conceitos de hierarquia, departamentalização, divisão de funções e responsabilidades, centralização, autoridade, entre outros.

Demonstramos também como as contribuições da teoria clássica estão presentes no âmbito organizacional até os dias de hoje, razão por que a empresa precisa se organizar de forma adequada às suas características e peculiaridades. Ao fazer isso, não só a organização funciona de maneira mais coordenada e sinérgica, mas, por consequência, contribui para que seus propósitos sejam atingidos mais facilmente. Por fim, argumentamos que, diante de um contexto de constante acirramento de concorrência, atuar de forma harmônica e unida não só se caracteriza um diferencial competitivo para as organizações, mas também uma premissa básica de sobrevivência.

–Exercícios resolvidos

1. (Adaptada de UnB/Cespe, TCU, 2009) De acordo com Fayol, a administração representa parte muito importante no controle de todos os empreendimentos, grandes ou pequenos, industriais, comerciais, políticos, religiosos ou outros. Fayol criou um sistema no qual a administração era a pedra fundamental da organização. O sistema colocava o foco na aceitação e adesão a seis diferentes funções administrativas, sabendo que elas envolvem os elementos do administrador, ou seja, as funções do administrador.

   Fonte: GOLEMAN, D. **Biblioteca da gestão**: textos fundamentais. Rio de Janeiro: Elsevier, 2007. (Com adaptações).

   Tendo o texto apresentado como referência inicial, julgue o item a seguir:

   Segundo Fayol, são exemplos de elementos da administração ou funções do administrador: prever, organizar, coordenar, controlar e comandar. Essa afirmação é:
   (×) Verdadeira
   ( ) Falsa

   Em sua teoria clássica, Fayol estipulou que a função administrativa concentra cinco elementos: planejar ou prever, organizar, coordenar, controlar e comandar.

2. (Adaptada de Cespe, INSS, 2008) Acerca de instituição, organização e empresa, julgue o item subsequente:

   No âmbito da ciência da administração, o conceito de *organização* pode ser visto sob dois prismas: o primeiro como um grupo de indivíduos associados, com um objetivo comum, e o segundo como uma das atividades administrativas, relativa à função de organizar, isto é, estruturar, dividir e sequenciar o trabalho. Essa afirmação é:

(×) Verdadeira

( ) Falsa

Quando falamos de *organização*, precisamos fazer uma distinção entre a entidade organizacional, que é um grupo de pessoas que trabalham juntas para atingir um objetivo em comum, e a função administrativa de organizar, que tem como propósito estruturar as atividades organizacionais.

3. (Fundep, IFSP, 2014) As empresas buscam, a todo tempo, resolver seu problema sobre como organizar. Com a internet e foco no *e-business*, muitas empresas fazem mudanças estruturais para se compatibilizar com essas inovações. Algumas funcionam como organizações virtuais, grupos de pessoas ou empresas com um propósito específico. A Hewlett-Packard consolidou suas 83 unidades, que são administradas independentemente, em quatro divisões principais para aumentar a colaboração interna e realçar a flexibilidade. Cada uma dessas organizações está usando os conceitos fundamentais de organização. Sobre o conceito de organizar, assinale a alternativa correta.

   a) Organizar é a disposição de recursos financeiros, para alcançar as metas estratégicas.

   b) Organizar é a disposição de recursos organizacionais, para alcançar as metas estratégicas.

   c) Organizar é a disposição de recursos operacionais, para atingir não somente metas, mas, principalmente, equilíbrio financeiro.

   d) Organizar é a disposição de recursos organizacionais, para alcançar lucratividade e menor custo para a produção.

A função administrativa *organizar* está relacionada à estruturação da organização e é responsável pela disponibilização e alocação eficiente dos recursos organizacionais, tendo em vista o atingimento dos objetivos organizacionais.

4. (Adaptada de UFBA, 2013) Dentro do processo administrativo, as tarefas relacionadas em B são específicas da função *organizar*. Essa afirmação é:

(×) Verdadeira

( ) Falsa

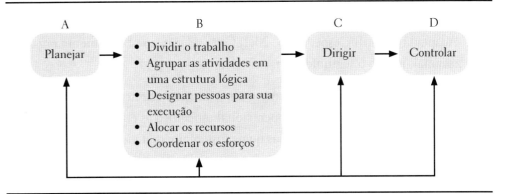

A figura ilustra exemplos de atividades relacionadas à função *organizar*. Note que a figura se refere à uma concepção mais atualizada das funções administrativas, na qual as funções coordenar e comandar aparecem consolidadas na função dirigir.

5. (Adaptado de Iades, Conab, 2014) O tipo de departamentalização representado na figura abaixo é o:

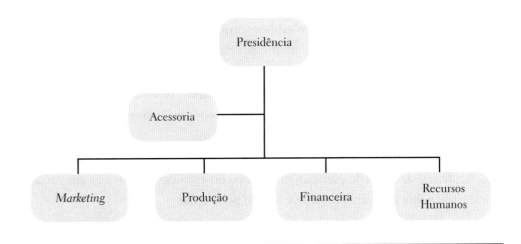

a) por região ou localização geográfica.
b) por produto.
c) por projeto.
d) por mercado.
e) por função.

A figura demonstra uma departamentalização por função, visto que os departamentos concentram atividades ou funções específicas, como *Marketing*, Produção, Financeira e Recursos Humanos.

Questões para revisão

1. (Adaptada de UnB/Cespe, ETC, 2011) Com relação ao planejamento organizacional, julgue o seguinte item:

   Há relação de encadeamento entre o planejamento estratégico, o tático e o operacional – o planejamento operacional especifica as etapas de ações para se alcançarem as metas táticas, as quais sustentam as atividades do planejamento estratégico. Essa afirmação é:
   ( ) Verdadeira
   ( ) Falsa

2. (UnB/Cespe, TRE/PA, 2007) Após a seleção e o estabelecimento dos objetivos organizacionais, é preciso definir a estratégia e as táticas para alcançá-los. Nesse sentido, é correto afirmar que:
   a) A estratégia, como um fim, é definitiva, não devendo ser reavaliada e revista periodicamente.
   b) A estratégia deve ser decidida no nível institucional da organização e sua orientação deve ser voltada para o longo prazo.
   c) O planejamento estratégico está circunscrito à análise do ambiente externo à organização, enquanto a análise das condições internas é objeto dos planos táticos e operacionais.
   d) A tática envolve a totalidade da organização, em todos os seus níveis, enquanto a estratégia é específica para as circunstâncias que se relacionam a cada unidade ou setor do ente ou entidade.
   e) A análise da conjuntura econômica e das tendências sociopolíticas não integra as ações do planejamento tático ou estratégico, pois elas são variáveis sobre as quais a organização não pode atuar.

3. (Iades, TRE/PA, 2014) "Toda empresa está sempre lutando com o problema sobre como organizar. A reorganização é frequentemente necessária para refletir uma nova estratégia, as condições de mercado em mudança ou uma tecnologia inovadora." Fonte: DAFT, R. L. **Administração**. Tradução: Robert Brian Taylor. São Paulo: Thomson Learning, 2007.

   Empresas, sejam elas públicas ou privadas, são organizadas de acordo com certos padrões e diretrizes. Considere, hipoteticamente, que uma instituição conta com uma linha ininterrupta de autoridade que liga todas as pessoas dentro da organização e mostra quem se reporta a quem. Essa linha é conhecida como:

a) Organograma.

b) Cadeia de comando.

c) Hierarquia.

d) Estrutura organizacional.

e) Especialização do trabalho.

4. Quais são os principais tipos de departamentalização? Explique sucintamente cada um deles.

5. A que nos referimos quando falamos de *organização* ou *divisão vertical* e *horizontal*?

Questões para reflexão

1. Sobre a questão da departamentalização, você consegue pensar em uma organização que utilize cada um dos critérios abordados no capítulo (por função; por produto; por localização geográfica; por cliente; por processo; por projetos)? Justifique sua resposta.

2. Considerando as organizações levantadas, faça uma análise e reflita se os critérios de departamentalização são adequados aos propósitos organizacionais. Em alguns casos, seria mais indicado se a organização adotasse outro critério de departamentalização? Justifique sua resposta.

Para saber mais

Indicamos duas obras sobre a temática abordada neste capítulo:

CURY, A. **Organização e métodos**: uma visão holística. 7. ed. São Paulo: Atlas, 2000.

OLIVEIRA, D. de P. R. de. **Sistemas, organização e métodos**: uma abordagem gerencial. 13. ed. São Paulo: Atlas, 2002.

capítulo 7

Taís Pasquotto Andreoli

Conteúdos do capítulo

- Teoria neoclássica da administração.
- Estrutura organizacional.
- Estrutura formal e informal.
- Estruturas mecanicistas ou orgânicas.
- Tipos de estruturas organizacionais.
- Organização linear.
- Organização funcional.
- Organização linha-*staff*.
- *Downsizing*.
- Terceirização (*outsourcing*).

Após o estudo deste capítulo, você será capaz de:

1. compreender o que foi a teoria neoclássica da administração e quais foram suas contribuições, analisando principalmente aquelas relacionadas à organização e à estruturação das organizações;
2. analisar o conceito de estrutura organizacional e distinguir a estrutura formal da informal, diferenciando as abordagens estruturais mecanicistas das orgânicas;
3. elencar os três principais tipos de estruturas organizacionais (linear, funcional e linha-*staff*), analisando as características de cada uma delas e comparando suas vantagens e desvantagens;
4. determinar qual estrutura organizacional é mais indicada de acordo com as características (e demais variáveis) específicas da organização;
5. analisar os impactos e as contribuições do *downsizing* e da terceirização (*outsourcing*) para as estruturas organizacionais.

Estruturas organizacionais

Neste capítulo, estudaremos a temática das estruturas organizacionais. Retornaremos à questão da organização formal e informal, discutindo também sobre modelos organizacionais adequados (mecanicista ou orgânico) de acordo com o perfil organizacional. Além disso, discutiremos sobre as possibilidades de estruturações organizacionais, abordando as características, vantagens, desvantagens e aplicações dos três principais tipos existentes: linear, funcional e linha-*staff*. Encerraremos o capítulo discutindo sobre a necessidade de reestruturação das organizações, abordando principalmente as questões do *downsizing* e da terceirização (*outsourcing*).

7.1
Teoria neoclássica da administração

A teoria neoclássica da administração se consolidou por volta de 1950, por meio da reafirmação e da melhoria dos postulados da abordagem clássica, proposta no começo dos anos de 1900 com os trabalhos desenvolvidos por Taylor e Fayol (Chiavenato, 2011).

Dessa forma, essa teoria reitera princípios outrora estudados, como a divisão do trabalho e a especialização, as contribuições de Taylor e a temática da organização da organização, envolvendo princípios de hierarquia, autoridade e responsabilidade, subordinação, divisão de cargos e responsabilidades, entre outros conceitos propostos por Fayol (Chiavenato, 2011).

A contribuição mais importante da teoria neoclássica da administração é a abordagem da questão da estrutura organizacional, conceituando-a e apontando três tipos de estruturas que podem ser, e de fato são, mais comumente utilizadas pelas organizações, a saber: funcional, linear e linha-*staff*. Além desses arranjos, a estrutura organizacional também pode ser concebida de acordo com os critérios de departamentalização, vistos no capítulo anterior, que são: funcional, por cliente, por produto, por processo, por localização ou por projeto.

Dica

Para relembrar os diferentes critérios de departamentalização e suas características, retome ao Capítulo 6, "Organizando as organizações", e releia a Seção 6.2.2, "Organização horizontal".

Entretanto, antes de ingressarmos no estudo das tipologias das estruturas organizacionais, precisamos, primeiramente, entender o que é **estrutura organizacional**, assunto abordado a seguir.

7.2
Estrutura organizacional

A estrutura organizacional é o instrumento administrativo que resulta da identificação, análise, ordenação, coordenação e agrupamento das diversas atividades e diferentes recursos organizacionais (Oliveira, 2014). Em outras palavras, a estrutura organizacional concentra e representa a forma como os diversos elementos organizacionais (atividades, funções, recursos etc.) são divididos, coordenados e organizados.

Para Chiavenato (2011), o conceito de *estrutura* se refere a um conjunto de dois ou mais elementos que se mantém inalterado com o passar do tempo, mesmo que haja modificação em um dos elementos ou em suas relações. Isso significa que uma organização mantém sua estrutura organizacional em funcionamento, independentemente das eventuais modificações internas, por exemplo, a extinção de determinado departamento ou o achatamento dos níveis hierárquicos.

Com a compreensão acerca do conceito de estrutura organizacional, torna-se necessário, agora, diferenciarmos dois conjuntos de conceitos. O primeiro se refere à **distinção entre as estruturas formal e informal da organização**. Já o segundo diz respeito à **característica própria da estrutura organizacional**, que pode tender para um modelo mais mecanicista ou mais orgânico.

7.2.1 Estruturas formal e informal

A estrutura formal diz respeito à organização formal da empresa, retratada no organograma. Assim sendo, refere-se àquilo que foi previamente estipulado pela organização, como a delimitação da hierarquia, as atribuições de cargos e funções, as definições de autoridades e responsabilidades e as divisões de áreas ou departamentos.

Por outro lado, a estrutura informal está relacionada aos aspectos não previstos formalmente, não definidos a *priori* e não retratados no organograma. São fatores que surgem de forma espontânea na organização, de acordo com sua prática cotidiana, como os relacionamentos que ocorrem entre os funcionários, as formações de grupos sociais internos e as relações informais de poder, de comunicação interna e de liderança.

Cabe pontuarmos que nem sempre as estruturas formal e informal estão de fato em equilíbrio e sintonia nas organizações. É função dos administradores, assim, verificar constantemente a prática organizacional, comparando-a ao que foi traçado prévia e teoricamente, em busca de um alinhamento e uma compatibilidade mútua.

Exemplo

Determinada organização estrutura-se, formalmente, em três divisões, A, B e C, que devem funcionar de maneira independente e se reportar a uma autoridade formal, que chamaremos de X. Trata-se do que a organização estipulou previamente e espera que aconteça (organização formal). Entretanto, é possível que exista uma empatia entre essas três divisões e, por isso, existam relacionamentos, compartilhamento de esforços e divisão de responsabilidades dentro delas. Além disso, dentro da divisão A, temos uma pessoa com personalidade de grande tendência à liderança, denominada "Y", à qual todos recorrem para tirar dúvidas e reportar decisões. Dessa forma, essa situação se refere ao desempenho prático da organização, principalmente em relação ao seu comportamento humano, com seus aspectos sociais e psicológicos (organização informal). O objetivo dos gestores da organização é tentar conciliar ao máximo a organização informal à organização formal, conseguindo coordenar o que está ocorrendo informalmente na prática ao que foi estipulado formalmente.

7.2.2 Estruturas mecanicista e orgânica

A estrutura da organização pode se desenvolver segundo um modelo mais mecanicista ou mais orgânico, dependendo das características próprias da empresa e das peculiaridades de seu ambiente de atuação.

A estrutura mecanicista decorre da visão da organização como máquina: uma somatória de peças que devem estar engrenadas e alinhadas para o correto funcionamento. Nos modelos mecanicistas, o funcionário é visto como uma peça, que deve estar adequadamente posicionada para produzir os resultados esperados pela empresa, sendo também facilmente descartada e substituída caso isso não aconteça. Dessa forma, a estrutura mecanicista se caracteriza por um modelo de estruturação organizacional mais rígido e engessado, sendo mais adotado em ambientes estáveis.

Por outro lado, a estrutura organicista enxerga a organização como um organismo: uma somatória de órgãos vivos, cada qual com suas próprias características, que se inter-relacionam e dependem um dos outros para sobreviver. Como resultado, a estrutura organicista consiste em um modelo estrutural mais flexível e adaptativo, recomendado para ambientes instáveis, com mudanças recorrentes e constantes.

7.3
Tipos de estruturas organizacionais

As organizações podem adotar diferentes tipos de estruturas organizacionais, de acordo com suas características, necessidades e demandas da situação ou do ambiente na qual estão inseridas. Entre as possíveis estruturas organizacionais, temos três mais comumente adotadas pelas organizações, a saber (Oliveira, 2014):

1. linear;
2. funcional; e
3. linha-*staff*.

A seguir, apresentaremos cada uma delas e demonstraremos suas características, vantagens e desvantagens e apontaremos a aplicação mais indicada para cada caso.

7.3.1 Organização linear

A organização linear é a forma estrutural mais simples e antiga, tendo sua origem nos exércitos e na organização eclesiástica dos tempos medievais (Chiavenato, 2011). Baseia-se em linhas diretas e únicas de autoridade e responsabilidade e, portanto, em uma hierarquia rigidamente definida. Como consequência, há uma unidade de comando centralizada, que concentra toda a responsabilidade pelas ações e decisões, bem como um engessamento formal das relações e comunicações, de acordo com o escopo de atuação: subordinados se reportam apenas a quem devem e superiores mandam apenas em quem podem. A organização linear apresenta um formato piramidal, resultante de suas características, ou seja, quanto maior o nível hierárquico, maior a generalização e a centralização do poder e das decisões; por outro lado, quanto menor o nível hierárquico, maior a especialização e a delimitação das funções e responsabilidade.

Figura 7.1 – Organização linear

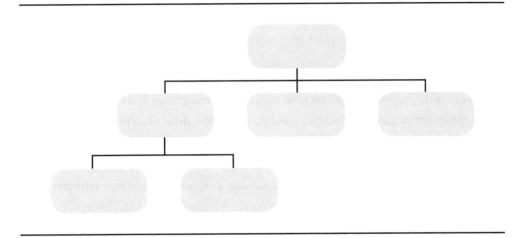

Características

Para ajudar você a entender melhor as descrições feitas anteriormente, listamos a seguir as mais importantes características da organização linear:

- autoridade linear ou única;
- hierarquia rigidamente definida;
- unidade de comando centralizada;
- linhas formais de comunicação;
- formato piramidal;
- ênfase na organização formal.

Vantagens

A organização linear apresenta vantagens decorrentes de suas características, principalmente relacionadas à estrutura simples, com clara definição das relações hierárquicas, funções e responsabilidades, relações e processo de comunicação. Essa especificidade facilita sua implementação, bem como contribui para que haja clara compreensão por parte dos funcionários, dirimindo possíveis dúvidas. Além disso, pelo seu caráter rígido, formal e centralizado, a organização linear proporciona estabilidade, dando continuidade ao funcionamento organizacional mesmo diante de eventuais alterações.

Dessa forma, configuram-se como vantagens da organização linear:

- estrutura simples;
- fácil implementação;
- clara definição das relações hierárquicas;
- precisas delimitações das funções e responsabilidade;
- formalização das relações e processos de comunicação;
- baixa complexidade para compreensão;
- estabilidade.

DESVANTAGENS

A grande desvantagem da organização linear é seu excessivo formalismo, que engessa as atuações dos funcionários e suas relações internas. Como consequência, a organização funciona de maneira rígida e inflexível, dificultando a inovação e inviabilizando sua capacidade de adaptação a eventuais mudanças necessárias. Como a organização linear caracteriza-se pela autoridade linear e pela centralização, outra desvantagem seria a tendência para um modelo de administração autocrático, em detrimento de um participativo e consultivo. Além disso, as comunicações e decisões podem se tornar bastante demoradas, principalmente em organizações maiores, já que tudo deve ser reportado gradualmente até a instância máxima, que analisará o assunto e deliberará sobre ele.

Dessa forma, podemos destacar como desvantagens da organização linear:

- excesso de formalismo;
- engessamento organizacional;
- funcionamento rígido e inflexível;
- modelo de administração centralizado;
- comunicações e decisões demoradas.

APLICAÇÕES

A organização linear é indicada em casos de ambientes estáveis, que requerem poucas mudanças e/ou necessidade de adaptação organizacional. São os casos das organizações que se caracterizam por tarefas e procedimentos padronizados, rotineiros e que necessitam de uma clara definição hierárquica. Exemplos de organizações lineares são as empresas pequenas, principalmente as familiares, e também as empresas recém-abertas, ainda em estágio de desenvolvimento e estruturação.

7.3.2 Organização funcional

A organização funcional é a forma estrutural baseada na funcionalidade ou na especialização das funções. A autoridade também segue esse critério, ou seja, reporta-se a quem detém o conhecimento ou a competência técnica para lidar com essa informação e tomar as decisões pertinentes ao caso. Por causa dessa especificidade, a autoridade também se encontra dividida, na qual os subordinados reportam-se a diversos superiores simultaneamente. Dessa forma, ao contrário da organização linear, na organização funcional a autoridade é parcial e relativa, decorrente da especialização requerida no momento. Podemos afirmar, assim, que a organização funcional se caracteriza por uma descentralização do poder e das decisões, delegada de acordo com a especialidade, e não com o nível hierárquico. Além disso, as comunicações são realizadas em linhas diretas, reduzindo ou mesmo eliminando eventuais intermediários, escolha que agiliza a troca de informações e também facilita o processo decisório.

Figura 7.2 – Organização linear *versus* organização funcional

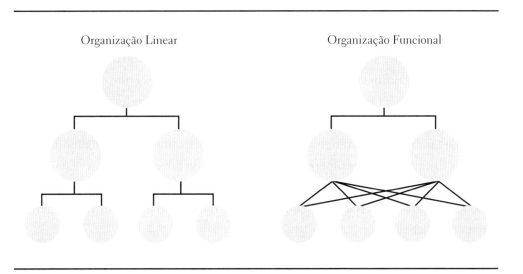

Fonte: Chiavenato, 2011, p. 182.

Características

Para esclarecer, evidenciamos como importantes características da organização funcional:
- autoridade funcional ou dividida;
- hierarquia flexível, com base na competência técnica;
- descentralização de poder e decisões;

- linhas diretas de comunicação;
- ênfase na especialização.

VANTAGENS

A organização funcional apresenta vantagens decorrentes de suas características, em especial as relacionadas ao critério de estruturação adotado, que pressupõe um alto grau de especialização na organização como um todo, em seus diversos cargos e departamentos, que focam somente seus escopos particulares de atuação. Como as relações de autoridade e os processos de comunicação se baseiam na competência técnica, a troca de informação acontece de maneira eficiente e eficaz e as informações relevantes chegam rapidamente a quem precisa e sabe o que fazer com elas. Com isso, os processos decisórios também são otimizados, já que as decisões são descentralizadas, delegadas às pessoas mais qualificadas para analisá-las.

Sendo assim, são vantagens da organização funcional:
- alto grau de especialização;
- autoridade com competência técnica;
- comunicações rápidas, eficientes e eficazes;
- otimização do processo decisório.

DESVANTAGENS

A organização funcional apresenta algumas desvantagens: devido à diluição da autoridade, a subordinação múltipla pode provocar confusões entre os funcionários, já que não há uma delimitação precisa e clara de suas responsabilidades nem uma única possibilidade de se reportar e pedir possíveis aconselhamentos. Isso pode também promover conflitos internos, principalmente decorrentes de opiniões distintas entre os superiores e diversidades de direcionamentos. Em última instância, essa divergência de opiniões, objetivos e resoluções pode levar a uma concorrência interna, criando um ambiente de competição improdutiva, em detrimento da coletividade.

Dessa forma, como desvantagens da organização funcional, podemos ressaltar:
- diluição da autoridade;
- subordinação múltipla;
- possíveis confusões decorrentes da falta de delimitações claras;
- conflitos internos e competição improdutiva.

APLICAÇÕES

A estruturação funcional deve ser utilizada em organizações caracterizadas por grande demanda sobre a especialização, de tal maneira que sua atuação seja motivada por um profundo conhecimento e competência técnica. Mesmo nesses casos, a organização funcional só é indicada em caso de organizações pequenas, com poucos funcionários, facilitando o entrosamento entre eles e garantindo uma compatibilidade de interesses. Em cenários gerais, a organização funcional só consegue funcionar se recorrer a alguma autoridade superior ou mesmo implementar mecanismos constantes de avaliação e controle.

7.3.3 Organização linha-*staff*

A organização linha-*staff* é uma forma estrutural resultante da combinação das organizações linear e funcional. Com uma estrutura organizacional mais complexa, esse modelo busca o aproveitamento das diferentes vantagens dos dois tipos de organização, reduzindo, também, suas possíveis desvantagens. Portanto, de modo geral, trata-se da conciliação da linearidade da organização (órgãos de execução) com eventuais assessorias (órgãos de apoio), especializadas e capacitadas para esse aconselhamento.

Apesar da junção, a organização linha-*staff* mantém de forma predominante as características da organização linear, implementando as características da organização funcional apenas em relação aos órgãos de *staff*. Dessa forma, nos órgãos de execução, a organização baseia-se no princípio da autoridade única, com a hierarquia rigidamente definida, centralização de poder e decisões e relações formais de comunicação. Nos órgãos de apoio, temos a autoridade funcional, a hierarquia baseada na especialização, a descentralização de poder e as decisões e relações diretas de comunicação.

Figura 7.3 – Organização linha-*staff*

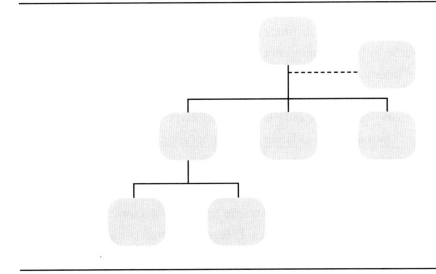

Características

Formada pela junção entre as organizações linear e funcional, podemos ressaltar as seguintes características da organização linha-*staff*:

- separação entre órgãos de execução (operacionais) e de apoio (assessoria);
- autoridade única nos órgãos de execução e funcional nos órgãos de apoio;
- hierarquia rigidamente definida nos órgãos de execução e flexível, com base na competência técnica, nos órgãos de apoio;
- centralização de poder e decisões nos órgãos de execução e descentralização nos órgãos de apoio;
- linhas formais de comunicação nos órgãos de execução e diretas nos órgãos de apoio;
- ênfase na organização nos órgãos de execução e na especialização nos órgãos de apoio.

Vantagens

A organização linha-*staff* tem vantagens decorrentes da junção dos dois tipos de organização: linear e funcional. Essa estrutura caracteriza-se pela combinação dos benefícios tanto da autoridade linear, com uma clara definição das relações de poder e subordinação, quanto da assessoria especializada, utilizada quando necessária. Essa característica agrega competência técnica em orientações e aconselhamentos, sem que – necessariamente – haja intervenção no funcionamento operacional da organização.

Dessa forma, as vantagens da organização linha-*staff* consistem em uma síntese das vantagens das organizações linear (voltada para os órgãos de execução) e funcional (direcionada para os órgãos de apoio).

Desvantagens

Com a existência de órgãos com distintas atuações na organização – execução e apoio, a organização linha-*staff* apresenta como principal desvantagem a possibilidade de conflitos internos decorrentes desse relacionamento. Isso se evidencia pelas responsabilidades por vezes antagônicas de cada órgão: os órgãos de execução têm uma veia muito mais prática, com ênfase no operacional e baseados na experiência, enquanto que os órgãos de apoio são mais teóricos, focados no estratégico e com base no conhecimento.

Aplicações

Apesar das possíveis desvantagens, a organização linha-*staff* é a forma estrutural mais utilizada e adotada pelas organizações. Pela sua estrutura complexa e flexível, a organização linha-*staff* pode ser aplicada em diferentes organizações, independentemente do seu porte.

7.4
Downsizing

O *downsizing* é uma técnica de reestruturação organizacional que em português significa "achatamento" ou "diminuição de tamanho". Essa técnica tem como objetivo o enxugamento da estrutura da organização, pautada na redução ou mesmo eliminação de um ou mais níveis hierárquicos (Tomasko, 1992). Em outras palavras, trata-se de um processo de horizontalização das organizações (Bruton; Keels; Shook, 1996).

Como consequência, podemos observar uma aproximação dos diferentes níveis hierárquicos da organização, principalmente do superior com o inferior, que geralmente são os níveis estratégico e operacional, respectivamente. A compactação decorrente do *downsizing* contribui para um estreitamento do relacionamento intraorganizacional, apesar da hierarquia, incentivando as relações e facilitando a comunicação e a partilha de informações.

Além disso, por meio do *downsizing*, a organização elimina as áreas ou órgãos não essenciais, priorizando e concentrando-se naqueles que de fato contribuem para a organização. Portanto, mantém-se na organização apenas o que efetivamente compõe seu *corebusiness*, a essência ou parte fundamental do seu negócio, delegando o resto para parceiros terceirizados (*outsourcing*) ou eventuais assessorias. Com isso, a organização ganha agilidade nos processos e na tomada de decisão, melhorando o funcionamento organizacional e tornando-se mais flexível e competitiva diante do ambiente instável em que atua.

7.5
Terceirização (*outsourcing*)

A terceirização ou *outsourcing* é uma consequência natural do processo de *downsizing*. A terceirização tem como objetivo concentrar os recursos e esforços da organização em suas atividades essenciais, no *corebusiness*, e consiste em um processo de transferir as atividades organizacionais relativamente não importantes para terceiros ou fornecedores externos, especializados e com competência técnica (Oliveira, 1994).

Nesse sentido, a terceirização apresenta importantes vantagens para as organizações, como a oportunidade de se concentrar e se aprofundar apenas nas atividades-chave da organização; a diminuição de custos com pessoal e demais recursos internos; a assistência de uma organização externa, especializada e capacitada para resolver os problemas em questão.

Por exemplo: em vez de a organização gastar esforços e recursos na gestão de serviços como manutenção e limpeza, relativamente simples e não tão impactantes no resultado organizacional, a empresa opta por se concentrar em áreas que de fato influenciam sua atuação, como o *marketing* e a produção. Outra área que vem crescentemente sendo terceirizada pelas organizações é a de gestão de pessoas, principalmente em razão da dificuldade e dos encargos envolvidos nos processos admissionais e demissionais.

– Síntese

Apresentamos neste capítulo a temática da estrutura organizacional, que é de extrema importância para a teoria e a prática administrativa. As estruturas organizacionais representam todo o aparato de recursos, atividades e componentes da organização, definindo como eles devem ser organizados e delimitando suas funções e relações.

Além disso, demonstramos que essa questão deve ser abordada sob uma perspectiva múltipla, considerando tanto a organização formal, previamente estipulada e controlada pela organização, quanto a organização informal, que surge de forma espontânea com o passar do tempo.

Como argumentamos, ainda que nenhuma organização consiga implementar uma estrutura organizacional de forma totalmente igual aos três tipos traçados pela literatura, essa tipologia auxilia nesse processo, esclarecendo quais são as principais características e vantagens e desvantagens associadas à sua aplicação. Possíveis adaptações podem e devem ser feitas, de acordo com as necessidades da própria organização e também do ambiente em que atuam.

Também mostramos como a estruturação das organizações requer um trabalho de planejamento, desenvolvimento e revisão constantes, a fim de coordenar e compatibilizar possíveis pontos em divergência. Uma adequada estruturação da organização não só garante que a organização funcione em seu potencial máximo, contribuindo para que haja um aproveitamento sinérgico, como também a fortalece perante seus concorrentes e seu ambiente de atuação, criando um diferencial competitivo.

Exercícios resolvidos

1. (FCC, Sergas, 2013) Estrutura organizacional é:
   a) O conjunto de tarefas desempenhado por uma ou mais pessoas, servindo como base para a departamentalização.
   b) A posição hierárquica que uma pessoa ocupa na empresa e o conjunto de atribuições a ela conferido.
   c) A forma pela qual as atividades de uma organização são divididas, organizadas e coordenadas.
   d) A cadeia de comando que se inicia nos gestores de topo e segue até os trabalhadores não gestores, passando sucessivamente por todos os níveis organizacionais.
   e) A guia de conduta, estável e de longo prazo, estabelecida para dirigir a tomada de decisões.

A estrutura organizacional concentra e representa a forma como os diversos elementos organizacionais (atividades, funções, recursos etc.) são divididos, coordenados e organizados.

2. (Adaptado de Vunesp, MPE/ES, 2013) Levando-se em consideração que o imperativo ambiental indica que o próprio ambiente é que determina a estrutura e o funcionamento das organizações, é correto afirmar que as formas mecanicista e orgânica de organização são apropriadas, respectivamente, para:
   a) Condições ambientais de mudança e inovação e condições ambientais estáveis.
   b) Condições políticas democráticas e para condições ambientais estáveis.
   c) Condições políticas totalitárias e para condições ambientais estáveis.
   d) Condições ambientais estáveis e para condições ambientais de mudança e inovação.
   e) Ambientes tecnológicos avançados e para ambientes tecnológicos retrógrados.

O modelo mecanicista é mais rígido e inflexível, por isso, mais indicado para ambientes estáveis, que não requerem adaptação organizacional nem capacidade de reação. O modelo organicista, por outro lado, é flexível e mutável, possibilitando que a organização se adapte às mudanças do ambiente.

3. (UnB/Cespe, TCE-RS, 2013) A respeito do processo administrativo relacionado às funções, estrutura e cultura organizacionais, julgue o item subsequente:

São duas as formatações da estrutura organizacional: a informal, resultante das relações sociais e pessoais, e a formal, que dá ênfase a posições em termos de autoridade e responsabilidades alocadas nas unidades organizacionais. Ambas devem ser consideradas no estudo e análise da estrutura organizacional.

(×) Verdadeiro

( ) Falso

A estrutura formal diz respeito à organização formal da organização, retratada no organograma. Portanto, refere-se àquilo que foi previamente estipulado pela organização, como a delimitação da hierarquia, as atribuições de cargos e funções, as definições de autoridades e responsabilidades e as divisões de áreas ou departamentos. Por outro lado, a estrutura informal está relacionada aos aspectos não previstos formalmente, não definidos *a priori* e não retratados no organograma. São fatores que surgem de forma espontânea na organização, de acordo com sua prática cotidiana, como os relacionamentos que ocorrem entre os funcionários, as formações de grupos sociais internos e as relações informais de poder, de comunicação interna e de liderança.

4. (Idecan, MEC, 2014) "Nesse tipo de estrutura organizacional, a principal característica é a autoridade única e absoluta do superior sobre seus subordinados, decorrente do princípio da unidade de comando". (CHIAVENATO, I. **Teoria geral da administração**. São Paulo: McGraw Hill, Makron Books, 1993. v. 1). Assinale a alternativa que define qual o tipo de estrutura organizacional a que o autor se refere.

a) *Staff.*

b) Linear.

c) Gerencial.

d) Funcional.

e) Operacional.

A organização linear se baseia em linhas diretas e únicas de autoridade e responsabilidade. Dessa forma, caracteriza-se por uma hierarquia rigidamente definida. Como consequência, há uma unidade de comando centralizada, que concentra toda a responsabilidade pelas ações e decisões.

5. (Cesgranrio, Finep, 2014) Uma empresa do setor de peças automotivas de pequeno porte está se estruturando para estabelecer uma parceria com algumas montadoras de automóveis. Embora os diretores executivos da empresa saibam que não existe uma única estrutura ideal que seja adequada a cada tipo de organização, eles optaram por estabelecer uma estrutura funcional. A opção por esse tipo de estrutura deve-se às suas características que são:

a) A organização se divide segundo diferentes funções – produção, finanças, recursos humanos, *marketing* etc. –, e todos os níveis de execução se subordinam funcionalmente aos seus correspondentes níveis de comando funcional.

b) Os recursos necessários para levar ao objetivo de cada projeto, em sua totalidade, são separados, formando-se unidades independentes, cada uma dirigida por um gerente, a quem é conferida plena autoridade sobre o projeto, podendo servir-se dos recursos materiais e humanos existentes ou adquiridos fora da organização.

c) As decisões são centralizadas, com todos os órgãos estruturados sob uma única linha de subordinação, apresentando linhas formais de comunicação, geralmente com fluxo descendente, e cada unidade de trabalho executando tarefas específicas e bem definidas.

d) As unidades contam com uma unidade especial, que é independente em sua atuação e com liberdade de opinião, servindo de apoio ou assessoria para a tomada de decisão do corpo diretor da organização.

e) A organização é multidimensional, procurando maximizar as virtudes e minimizar os defeitos das estruturas rígidas, e os órgãos permanentes (funcionais) atuam como prestadores de serviços nos projetos, que apresentam organização temporária e com maior versatilidade, possibilitando a otimização dos recursos humanos.

A organização funcional é a forma estrutural baseada na funcionalidade ou na especialização das funções. A autoridade também segue esse critério, ou seja, reporta-se a quem detém o conhecimento ou a competência técnica para lidar com essa informação e tomar as decisões pertinentes ao caso.

Questões para revisão

1. (Fundep, IFSP, 2014) O processo de organização leva à criação de uma estrutura organizacional, que define como as tarefas são divididas e os recursos são distribuídos. O conjunto de tarefas formais e de relacionamentos formais

de comando proporciona a estrutura para o controle vertical da organização. Sobre a estrutura organizacional, assinale a alternativa correta:

a) São retratadas no organograma, que é a representação visual da estrutura de uma organização, e trata-se de um conjunto de tarefas informais atribuídas aos indivíduos e departamentos.

b) São projetos operacionais, para garantir melhor autonomia para os funcionários dentro da gestão de pessoas.

c) Conjunto de tarefas informais atribuídos (sic) aos indivíduos e retratadas por meio de gráficos estruturados para representação dos processos produtivos.

d) São apresentadas em organograma, que é a representação visual da estrutura de uma organização, se trata de relacionamentos formais de comando, incluindo as linhas de autoridade, responsabilidade da decisão, dentre outras.

2. (UnB/Cespe, INSS, 2008) Uma empresa pública em processo de reestruturação elaborou um documento contendo um desenho gráfico que mostra a disposição de cada integrante da empresa e sua vinculação a uma área específica. Nesse documento, ficou evidente que a autoridade é funcional e fundamentada em projetos e também que existe uma integração entre as diversas áreas funcionais. Acerca dessa situação e à luz dos fundamentos, escolas e metodologias de estruturas organizacionais, julgue o item a seguir.

Sabendo-se que, antes da reestruturação, a empresa em apreço possuía uma estrutura organizacional em que a autoridade era única e centralizada, com aspecto piramidal, pode-se afirmar que, naquela situação, tratava-se de uma estrutura funcional.

( ) Verdadeiro

( ) Falso

3. (FCC, TRT 16ª Região, MA, 2014) Sobre as estruturas organizacionais formais, considere:

I. A criação de uma unidade organizacional staff na diretoria demonstra tendência de perda de inovação na gestão pública.

II. Um dos tipos de departamentalização é o funcional, pois permite otimizar recursos e aumentar a especialidade.

III. A representação gráfica da estrutura organizacional é feita pelo fluxograma, que é reconhecido juridicamente de fato e de direito.

IV. Em um processo de achatamento da estrutura organizacional tende-se a um aumento da amplitude de controle das chefias.

Está correto o que se afirma apenas em:

a) I e II.

b) I e III.

c) III e IV.

d) II e IV.

e) II.

4. Podemos conceber o processo de terceirização como um simples caso de busca de fornecedor externo? Justifique sua resposta.

5. Quais são as principais diferenças entre os três tipos de estruturas organizacionais?

Questões para reflexão

Tendo em vista a discussão traçada acerca das estruturas organizacionais, identifique uma organização que se utilize de cada uma das estruturas abordadas neste capítulo e responda:

1. Quais são as características de cada tipo de estrutura organizacional?

2. Os benefícios apontados pela literatura são de fato aproveitados pelas organizações? Justifique sua resposta.

3. Quais são as desvantagens que podem ser identificadas? Como as organizações lidam com isso?

Para saber mais

Caso você queira saber mais sobre a questão da terceirização, indicamos duas obras:

BATISTA, E. L. **Terceirização no Brasil e suas implicações para os trabalhadores**. São Paulo: Saraiva, 2013.

POLONIO, W. A. **Terceirização**: aspectos legais, trabalhistas e tributários. São Paulo: Saraiva, 2000.

capítulo

8

Fernando Rossini

Conteúdos do capítulo

- Processos.
- Conceitos e tipos de processos.
- Processos de clientes.
- Processos administrativos.
- Processos de gerenciamento.
- Visão tradicional (vertical) *versus* visão sistêmica (horizontal).
- Administração de processos.
- Cadeia de valor.

Após o estudo deste capítulo, você será capaz de:

1. avaliar os conceitos e os diferentes tipos de processos existentes;
2. apontar as principais diferenças entre a visão tradicional (vertical) e a visão sistêmica (horizontal) na condução da administração de um processo;
3. avaliar quais são as melhores formas de conduzir um processo de redesenho ou reengenharia de um processo e aplicar uma cadeia de valor.

Processos e cadeia de valor

O que são processos? Para que servem? Como classificamos? Neste capítulo, trataremos de formas de gerenciamento de processos e formas de organização estrutural da empresa para que seja possível extrair o máximo possível de cada processo, sempre com o objetivo de gerar valor no produto para o nosso consumidor final.

8.1
Processos

Conforme já dissemos no Capítulo 2 deste livro, o processamento, ou processo de transformação, é responsável pela conversão de elementos de entrada em elementos de saída. Em outras palavras, existe uma entrada (*input*) que irá gerar um produto (*output*). O que acontece entre uma etapa e outra é o que chamamos de *processo*. Mas quais são os tipos de processo? Como identificá-los? Como redesenhá-los? É o que veremos nas seções a seguir.

8.1.1 Conceitos e tipos de processo

Existem várias definições dos processos que podem ser aplicados à administração de empresas. Basicamente, como mencionamos anteriormente, *processo* é o que acontece entre a entrada e a saída de um produto (seja ele produto físico, informação etc.).

Porém, é importante destacarmos que uma empresa tem vários tipos diferentes de processos, com objetivos, métricas e métodos diferentes, sendo necessário identificá-los para que seu gerenciamento consiga alcançar o que realmente interessa ao administrador, que é o atingimento dos objetivos. Enquanto Lovelock e Wirtz (2006) definem um processo de serviços como a arquitetura que descreve o método e a sequência, lógica ou não, pela qual irão funcionar o sistema operacional do serviço e a forma como eles se interligam para criar o resultado final para o consumidor, Cury (2000) traz uma definição mais genérica, que se aplica a qualquer tipo de processo, na qual o autor afirma que um processo é a transformação de insumos em produtos com a geração de valor ao final.

Utilizando as duas definições para formar uma terceira, podemos afirmar que um processo é o ordenamento de atividades de forma planejada e arquitetada, de tal maneira que haja uma transformação sobre um insumo que irá gerar um produto com valor agregado, o qual será entregue ao consumidor interno ou externo.

Mas quais são os tipos de processo? Podemos estabelecer três principais tipos:

1. os processos de clientes;
2. os processos administrativos;
3. os processos de gerenciamento.

Saber identificar e trabalhar cada tipo de processo pode configurar-se em um grande diferencial para o administrador.

8.1.1.1 Processos de clientes

Como o próprio nome já diz, o processo de clientes é aquele no qual é confeccionado um produto ou serviço para um cliente externo da organização. Na divisão tradicional por função que fazemos dentro de uma empresa, o departamento que é responsável pelo processo de clientes é aquele que nos habituamos a chamar de *produção*, ou seja, aquele que irá utilizar a matéria-prima e, com a mão de obra da organização e as máquinas disponíveis, irá transformá-lo em um produto.

No entanto, temos de lembrar que esse processo também se dá quando vendemos algo intangível, como um serviço. Os trabalhos intelectual, interpretativo e analítico podem ser considerados processos e são tão importantes quanto a transformação física de um produto, principalmente quando o objetivo é agregar valor ao que está sendo vendido ao consumidor.

Quanto mais desenvolvido for o processo, mais valor terá o produto final, e mais satisfeito tende a ficar o consumidor. É ele que determinará o quanto o insumo que entrou na empresa será modificado e melhorado, inclusive com a colocação de elementos como embalagem e revestimentos e outros como instalação, entrega, assistência técnica. Muitas empresas destacaram-se por utilizar-se de processos diferenciados, trabalhando com customização ou produção sob encomenda, de acordo com a demanda do consumidor.

8.1.1.2 Processos administrativos

Segundo Oliveira (2009), *processos administrativos* são aqueles utilizados na fabricação de produtos que são invisíveis para o consumidor final, porém essenciais ao gerenciamento efetivo dos negócios. São, em uma linguagem mais simples, os processos que fazem a empresa funcionar: rotinas administrativas das áreas financeiras, contábeis, de compras e vendas, recursos humanos, *marketing*, enfim, atividades que, apesar de não estarem diretamente ligadas ao produto, são essenciais para que ele possa ser fabricado, comercializado e entregue aos consumidores.

Nos processos administrativos, o principal fator a ser considerado pelos gestores é a integração entre os diversos processos existentes dentro da organização. Muitos autores dizem que cada processo na verdade é um pequeno pedaço de um macroprocesso que seria o funcionamento da empresa toda. Entretanto, como não seria possível identificar etapas e implementar melhorias no andamento da empresa, acabamos dividindo o processo em vários pedaços, que são os processos por área, ou por projetos, ou por funcionários, como conhecemos no dia a dia. Um ponto muito discutido na literatura é a falta de consenso a respeito da quantidade de processos administrativos que são necessários para que uma empresa possa funcionar e explorar ao máximo suas capacidades.

Outro fator muito discutido na literatura é que diversos gestores direcionam excessivamente seu foco à parte interna, como a redução de custos, e esquecem que todos os processos, independentemente de sua natureza, devem ser gerenciados de forma a gerar valor para o consumidor final. Essa postura faz com que se gaste tempo, energia e recursos com processos que podem até gerar alguma vantagem competitiva interna, mas que não será revertida em valor para o consumidor final.

8.1.1.3 Processos de gerenciamento

Os processos de gerenciamento são aqueles envolvidos com as decisões que os gerentes tomam para apoiar os processos de negócios, ou seja, a parte mais estratégica, que irá determinar as condições pelas quais os colaboradores poderão desempenhar seus papéis e funções.

A maneira pela qual ficam dispostos os processos de gerenciamento depende muito da estrutura das empresas. Algumas deixam as decisões mais centralizadas, outras dão autonomia a vários níveis hierárquicos. O papel do gestor, quando estabelece os processos de gerenciamento, é evitar ao máximo que as decisões se tornem um fardo burocrático que faça com que a empresa perca agilidade e capacidade de reação quando necessário.

De maneira geral, ter uma estrutura centralizadora que restrinja a tomada de decisão a um pequeno número de pessoas pode fazer com que essa organização fique sobrecarregada, não dando conta de aprovar ou recusar tudo que for necessário a tempo ou até mesmo tomando a decisão sem fazer as devidas análises ou buscar todas as informações. Por outro lado, descentralizar o poder na hora da decisão deixa a empresa mais ágil, porém mais exposta a uma falta de padrão no que diz respeito às decisões estratégicas, uma vez que cada gestor fará para a sua área o que achar melhor dentro de seu estilo, suas características, suas opiniões e seus valores, além dos objetivos, que variam muito de uma área para outra e podem, inclusive, ser conflitantes, gerando imprevisibilidade sobre quais decisões serão tomadas, como e em quanto tempo.

8.2
Visão tradicional (vertical) *versus* visão sistêmica (horizontal)

Como já demonstramos no Capítulo 6 deste livro, há várias formas de organização de uma empresa. No que diz respeito aos processos, há uma diferença considerável entre a empresa organizada de forma vertical (ou seja, por departamentos) e a organizada de forma horizontal (ou seja, por projetos ou processos).

Isso acontece porque, no caso da organização vertical, o processo é apenas um detalhe quase insignificante, pois vários departamentos vão interagir para que um processo seja concluído, mas o foco ainda é o organograma em si, e não o processo que está ocorrendo. Esse tipo de situação faz com que o colaborador perca a noção de empresa, ou de um produto, ou de uma unidade estratégica de negócios como um todo, uma vez que a única coisa que importa para ele é a hierarquia de seu departamento, até pela limitação presente em suas atribuições.

Já na organização horizontal, o processo é o foco da empresa, e aí o departamento ganha menos importância em detrimento daquele projeto que está sendo conduzido, de modo que todos os colaboradores enxerguem mais facilmente a tríade cliente – produto – fluxo de trabalho. Dessa forma, não é tão necessário ter um agente integrador entre os diversos departamentos, fundamental no caso da divisão por departamentos (vertical).

8.3
Administração de processos

Na área de gerenciamento e administração de processos, é importante saber identificar o momento de manter os processos como estão ou de encarar uma reengenharia de processos (ou melhoria, ou redesenho, a depender da intensidade). Alterações em processos são atividades complexas porque envolvem mudanças, as quais, muitas vezes, terminam com a empresa tendo de se livrar de alguns ativos, executando demissões ou até mesmo abrindo mão de linhas de produtos ou serviços – e o ser humano é, por natureza, avesso às mudanças. De qualquer forma, muitas vezes ela é necessária e cabe decidir que tipo de mudança colocar em prática.

Quando deseja promover melhorias graduais em seus processos, a empresa deve trabalhar com um grande número de processos extremamente específicos e limitados, pois as mudanças irão acontecer em pequenas unidades e com baixo risco, principalmente se os responsáveis pelas alterações nos processos forem os mesmos que normalmente administram e executam esses processos. Entretanto, se a empresa pretende fazer uma grande mudança em seus processos, de forma radical, o ideal é definir processos amplos, que englobem diversas áreas, funções e atividades da organização, para que o impacto das mudanças (e, consequentemente, o risco) seja muito maior.

Como no mercado brasileiro não temos a cultura e a disciplina japonesa para fazer mudanças gradativas nem a tecnologia americana para fazer alterações radicais, recomendamos um meio termo entre as duas opções sempre que for acontecer alguma reengenharia de processos.

Para se alterar um processo, existem três critérios fundamentais a serem considerados na escolha: mexer nos processos mais problemáticos, alterar os que exercem mais impacto sobre os clientes e modificar os que são mais suscetíveis de serem redefinidos com sucesso.

8.4
Cadeia de valor

Conforme falamos anteriormente, os processos devem visar, acima de tudo, à geração de valor para o consumidor final. Baseado nisso, o autor Michael Porter criou a chamada *cadeia de valor*, que é uma matriz na qual o gestor pode agregar valor, seja através da diferenciação do produto, seja da redução de custos, que será depois repassada ao consumidor final.

Esse modelo se refere às partes da organização e é dividido em dois tipos de atividades: as primárias e as de suporte, conforme a figura a seguir.

Quadro 8.1 – Cadeia de valores

	Infraestrutura da empresa				
Atividades de apoio	Gerência de recursos humanos				
	Desenvolvimento de tecnologia				
	Aquisição				
Atividades primárias	Logística interna	Operações	Logística externa	*Marketing* e vendas	Serviços

As atividades primárias, também conhecidas como *principais*, são aquelas que sustentam a produção e comercialização dos produtos, quais sejam:

- logística interna, que diz respeito à entrada de insumos na organização;
- produção, que é a transformação desse insumo em produto final;
- logística externa, que fala sobre o transporte, a armazenagem e a embalagem do produto;
- *marketing* e vendas, que irá atuar na divulgação, promoção e criação de imagem desse produto junto ao consumidor; e
- serviços, que se referem à reciclagem, instalação, taxa de retorno do produto, entre outros detalhes.

Nas atividades de apoio, temos:
- a infraestrutura da empresa;
- a gerência de recursos humanos;
- o desenvolvimento de tecnologia;
- a aquisição ou compras.

Conforme os bens passam de uma atividade para a outra ao longo da cadeia, eles vão sofrendo alterações que permitem que ganhem valor agregado. Quanto mais estruturais essas mudanças, maior o valor do produto (sempre considerando que valor é a divisão dos benefícios pelos custos, então pode ser verificado por meio de um produto melhor ou com menor custo para o consumidor final).

Geralmente as empresas optam por concentrar as forças em algumas das atividades, de acordo com sua cultura, seu *corebusiness*, seus recursos e o ambiente no qual ela está inserida, deixando assim algumas atividades em segundo plano ou até mesmo nas mãos de outras empresas, em um processo que chamamos de *terceirização* ou *outsourcing*, que já vimos no capítulo anterior.

Síntese

Demosntramos neste capítulo que os processos representam tudo o que acontece entre a entrada dos insumos e a saída do produto final da empresa. Eles podem ser classificados como: *processos de clientes*, que criam um produto ou serviço para o consumidor final da empresa; *processos administrativos*, que proporcionam o bom andamento da empresa e o funcionamento dos negócios; e *processos de gerenciamento*, que dizem respeito às decisões tomadas em nível gerencial para dar suporte aos processos de negócios. Por fim, explicamos que uma orientação vertical ou horizontal pode beneficiar ou prejudicar a administração de processos, e que a mudança nesses processos pode ser dolorosa para a empresa, se feita de maneira muito radical, devido à resistência natural do ser humano em relação à mudança.

Um dos mais conhecidos e utilizados processos é a cadeia de valor, que vai dividir a empresa em cinco atividades principais e quatro secundárias, que permitirão ao gestor trabalhar a geração de valor por meio da melhoria do produto ou até mesmo da redução de custos.

Exercícios resolvidos

1. Qual a definição de *processo*?

Existem várias definições diferentes para o termo *processo*, mas a mais aceita é a de que processo é tudo que ocorre entre a entrada de um insumo na empresa e a saída de um produto fruto da transformação desse insumo. Em outras palavras, o processo é a transformação de um insumo em produto, seja ele para o cliente externo, seja para o cliente interno da organização.

2. Por que a organização horizontal facilita o gerenciamento de processos dentro de uma empresa?

Porque, enquanto na organização vertical o que importa para o funcionário é o departamento, a hierarquia, na organização vertical a relação entre departamentos é muito maior, já que o objetivo de todos gira em torno de um projeto único, que é o processo.

3. Como no mercado brasileiro não temos a cultura e a disciplina japonesa para fazer mudanças gradativas nem a tecnologia americana para fazer alterações radicais, recomendamos um meio termo entre as duas opções sempre que for acontecer alguma reengenharia de processos. Essa afirmação é

(×) Verdadeira

( ) Falsa

A afirmação é verdadeira, pois mudanças radicais não costumam trazer resultados a médio e longo prazo, uma vez que o choque muito grande faz com que muitos profissionais deixem a empresa ou até mesmo trabalhem contra o que está sendo proposto. Por isso, devem-se respeitar as questões locais (no nosso caso, não termos a disciplina japonesa nem a tecnologia norte-americana).

–Questões para revisão

1. Organização vertical do processo é um detalhe pouco relevante, pois vários departamentos interagem para que um processo seja concluído, mas o foco ainda é o organograma em si, e não o processo que está ocorrendo. Esse tipo de situação faz com que o colaborador perca a noção de empresa, ou de um produto ou uma unidade estratégica de negócios como um todo, não se preocupando com seu departamento nem com sua hierarquia. Essa afirmação é:

( ) Verdadeira

( ) Falsa

2. Existem processos que geram produtos que não são visíveis ao consumidor final, mas que fazem a empresa funcionar: rotinas administrativas das áreas financeiras, contábeis, de compras e vendas, recursos humanos, *marketing*, enfim, atividades que, apesar de não estarem diretamente ligadas ao produto, são fundamentais para que o produto seja fabricado, comercializado e entregue aos consumidores. A esses processos damos o nome de:

a) processos administrativos.

b) processos de clientes.

c) processos de fornecedores.

d) processos de negócios.

e) processos de gerenciamento.

3. No processo de clientes, assim como em todos os outros processos, há a transformação de um insumo em um produto. Nesse caso específico, podemos dizer que esse produto será entregue:

   a) aos acionistas.

   b) aos vendedores.

   c) aos distribuidores.

   d) aos fornecedores.

   e) ao consumidor final.

4. Uma maior ou menor centralização pode gerar mais ou menos burocracia dentro de um processo de gerenciamento. Porém, uma crítica que se faz é que essas questões internas acabam atrapalhando o principal foco de melhoria dos processos. Qual deveria ser o foco desses processos?

5. Quais são as cinco atividades primárias e as quatro atividades de apoio da cadeia de valor, respectivamente?

Questões para reflexão

1. Quais são as principais vantagens e desvantagens de se utilizar o modelo de cadeia de valor?

2. De que forma uma empresa pode obter vantagem competitiva com o bom gerenciamento da cadeia de valor?

Para saber mais

O seriado *Breaking Bad*, disponível no Brasil na plataforma Netflix, aborda de uma forma lúdica a questão da cadeia de valores. Na série, o personagem Walter White, um professor de Química do ensino médio, descobre que tem câncer e resolve utilizar seu conhecimento para produzir e vender drogas, a fim de deixar algum dinheiro à sua família. Descontadas as questões de ilegalidade relacionadas ao tráfico de drogas, é possível ver como o Sr. White gerencia cada elo da cadeia, desde a aquisição da matéria-prima até a venda e entrega do produto final.

BREAKING BAD. EUA: American Movie Classics. 2008-2013. Programa de televisão.

capítulo

9

Fernando Rossini

Conteúdos do capítulo

- Métodos.
- Observação pessoal.
- Entrevistas.
- Questionários.
- Delineamento e estruturação do novo sistema.

Após o estudo deste capítulo, você será capaz de:

1. elencar as etapas de um método de criação de sistema;
2. estabelecer a relação entre cada uma das etapas e quais atividades devem ser feitas em qual tempo;
3. determinar as condições básicas para que um sistema seja planejado, testado e implementado.

Métodos

Neste capítulo, vamos demonstrar como um sistema pode ser aplicado numa organização já estabelecida para a empresa. Qual método aplicar, ou seja, qual caminho seguir para que o sistema novo seja útil, simples, rentável e, a partir dos insumos oferecidos, gere produtos que sejam realmente relevantes para a empresa? Como elaborar um sistema exequível com o mínimo possível de falhas e dentro da realidade da corporação?

É muito difícil encontrar uma definição exata para a palavra *método*, pois ela tem sido usada em uma infinidade de situações e áreas do conhecimento, desde a filosofia até a ciência da computação, passando pela administração, pela medicina e pela área acadêmica, onde se fala muito em *metodologia científica*. Basicamente, quando falamos de *método*, estamos falando de *como fazer algo*.

Para Oliveira (2009), os profissionais que trabalham com a organização e implementação de métodos precisam ter clareza para conseguirem executar seus métodos, primeiramente por se tratar de uma determinação subjetiva do ritmo e da intensidade de trabalho, e segundo porque não é das tarefas mais fáceis pedir para que alguém faça algo, ainda mais quando a forma como ele vai executar essa tarefa já está determinada.

Pense, por exemplo, na limpeza de sua sala. É preferível começar pelo chão ou pelos móveis? Varrer ou passar pano? Lustrar ou encerar? Descontadas as diferenças de pisos e móveis de um ambiente para outro, dificilmente duas pessoas limparão a sala da mesma maneira. Por isso, os gestores tentam padronizar a realização de tarefas e sistemas, para que, na ausência de um funcionário, outro saiba fazer exatamente a mesma coisa, e assim todos estarão trabalhando no mesmo ritmo e da mesma forma.

9.1
Etapas da metodologia

De maneira geral, quando uma metodologia é criada, deseja-se estabelecer etapas para a criação de algo. No caso de uma organização, essas etapas, somadas, equivalem a um processo ou até mesmo a todo o sistema de funcionamento da empresa. Essas etapas geralmente são cíclicas, ou seja, quando termina a última fase, o gestor deve voltar à primeira e começar um novo processo. São poucos os administradores que podem "estufar o peito" e dizer: "missão cumprida".

O final de um trabalho geralmente significa uma análise e conjuntamente o planejamento do próximo, que depende do sucesso do projeto recém-terminado, que, por sua vez, só vai manter esse sucesso se o trabalho seguinte também for muito bem implementado. Sendo assim, a figura a seguir visa representar uma metodologia de levantamento, análise, desenvolvimento e implementação de sistemas administrativos e, em seguida, a explicação de cada uma, baseada nas obras de Oliveira (2009) e Chiavenato (2011).

Figura 9.1 – Fases de uma metodologia

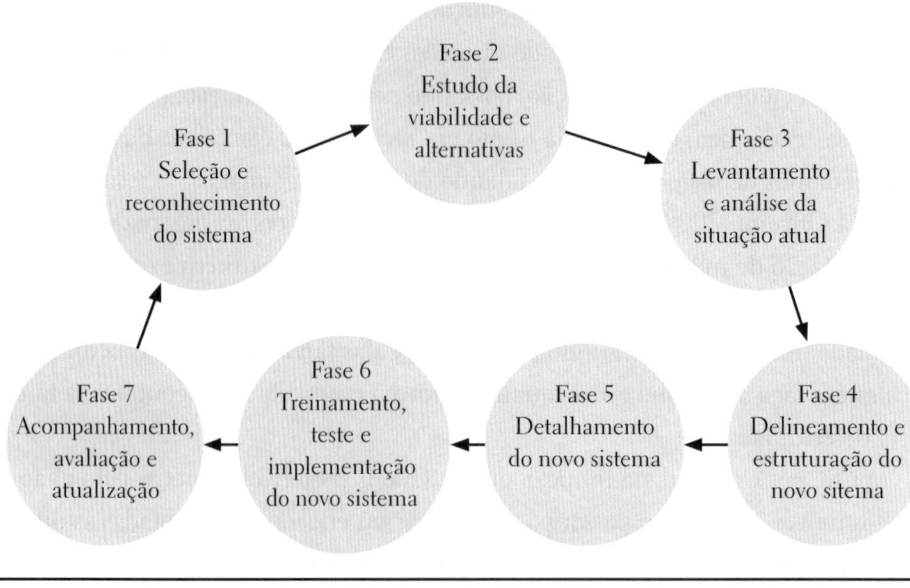

Fonte: Adaptado de Oliveira, 2002, p. 225.

Conforme explicaremos nos tópicos a seguir, as fases consistem em:

- selecionar e reconhecer o melhor sistema aplicável à empresa;
- avaliar se o sistema é viável, e, caso não seja, quais serão as alternativas;
- analisar a atual situação da organização no que diz respeito a seguir algum sistema, os recursos disponíveis etc.;
- desenhar a base e estruturar o novo sistema a ser aplicado;
- aprimorar os detalhes de como ele irá funcionar;
- treinar, testar e implementar o novo sistema; e
- acompanhar a sua aplicação, fazendo avaliações e atualizações periódicas.

9.2
Seleção e reconhecimento do sistema

Para iniciar um sistema dentro de uma empresa, o gestor deve primeiramente verificar algumas condições básicas e responder a perguntas como: Qual sistema é utilizado atualmente pela empresa? Quais são as unidades organizacionais envolvidas? O quanto esse sistema será completo? Quanto esforço será necessário?

É importante ressaltarmos aqui que um projeto dessa envergadura nunca é simples por vários fatores, entre eles o grande número de pessoas e unidades organizacionais envolvidos.

Para iniciar, o gestor pode coletar ideias que possam auxiliar no desenvolvimento do projeto de sistemas. De acordo com Oliveira (2009) e Chiavenato (2011), são várias as fontes a serem consultadas, a saber:

- Aquelas apresentadas no plano diretor de sistemas estabelecidos, quando este existe. Muitas empresas contam com um plano diretor de sistemas ou um plano geral de sistemas, do qual muitas ideias e caminhos podem surgir para a aplicação de um projeto de sistemas.
- As oportunidades verificadas pela empresa. Muitas vezes, após utilizar uma ferramenta de análise e monitoramento, a organização verifica uma série de oportunidades que podem ser aproveitadas devido a equipamentos, técnicas ou rotinas que podem ser utilizados.
- A necessidade, mãe de todas as ideias. Muitas vezes a empresa tem a necessidade de ligar os sistemas existentes com um novo ou até mesmo de criar algo do zero. A partir daí surgirão ideias de como esse sistema será, das quais poderá surgir o projeto de sistema.
- O ambiente externo da empresa. Toda organização pode aprender por meio de experiências com concorrentes, fornecedores, distribuidores, clientes, em congressos, seminários ou até mesmo na literatura especializada sobre projetos de sistemas.

Com base nisso, o gestor começa a desenvolver as ideias para que o projeto de sistema siga adiante, seguindo alguns critérios fundamentais, como a oportunidade real de desenvolver e implementar o sistema pensado; a expectativa de que ele dê retorno em relação ao investimento feito; a viabilidade não só técnica, mas também financeira do sistema; a capacidade e a necessidade das áreas de contar com esse novo sistema; uma necessidade específica da empresa, mesmo que não haja um benefício financeiro claro com o novo sistema desenvolvido.

Durante esse processo, é comum o profissional de organização, sistemas e métodos (OSM) encontrar dificuldades. As mais comuns são a duplicidade de formulários e registros, documentos mal delineados ou mal projetados, estrutura organizacional inadequada para alcançar os objetivos propostos pela empresa, manuais desatualizados ou que não correspondem às expectativas e não cumprem seus objetivos, ambiente de trabalho desmotivador, arranjo físico deficiente, falta de padronização de sistemas e sistema de informação incompleto. Para que essa etapa seja concluída com êxito, o gestor deve colocar algumas ações em práticas que podem facilitar o restante do trabalho:

- Iniciar com sistemas de pequena escala, nos quais o risco é muito baixo e o desenvolvimento, rápido. Dessa forma, a empresa começa a "se ajustar", os funcionários sentem-se motivados porque veem as mudanças acontecerem e a base para as grandes alterações começa a ser alicerçada.
- Selecionar sistemas prioritários em cada uma das unidades organizacionais e nos quais existe a real participação de todos os usuários do sistema, para que ninguém se sinta excluído do processo e comece a gerar insegurança, a qual pode ser transformada em rejeição por parte da equipe, que, por consequência, acaba por contaminar o resto e impedir que os avanços necessários sejam feitos.
- Selecionar sistemas que apresentem estimativas reais de custo, benefícios e risco.

Ao final dessa etapa, o produto será um plano diretor de sistemas, ou seja, um documento redigido pela equipe de OSM que irá ajudar a coordenar o desenvolvimento de todos os sistemas a partir daquele momento, dando instruções claras sobre como devem funcionar, quais características em comum devem ter, entre outros detalhes; avaliar os recursos, os prazos e o retorno de cada sistema, assim como sua viabilidade técnica e financeira; promover a interligação entre todos os sistemas possíveis, para aproveitar ao máximo os recursos aplicados; obter o melhor retorno financeiro, técnico e produtivo possível; propor prioridades dos sistemas para a diretoria da empresa; informar as necessidades de novos sistemas; analisar e, se necessário, propor o treinamento para os usuários dos sistemas que serão desenvolvidos.

9.3
Estudo de viabilidade e de alternativas

O estudo de viabilidade e de alternativas surge como segunda etapa do nosso método de formação de um projeto de sistemas. Por meio dele, o gestor pode determinar qual é o melhor caminho a seguir dentre as ideias de sistemas elencadas no item anterior.

Para tal, o gestor deve definir as características principais dos sistemas; suas necessidades de saída; a compatibilidade do organograma da empresa com a ideia a ser aplicada; os tipos de informações e dados necessários e o volume de cada um deles; as alternativas que podem surgir, caso o plano principal não seja viável; as estimativas de custos de implementação e operacionais; a verificação da adequação do sistema aos objetivos da empresa.

Em outras palavras, nessa etapa, o profissional de OSM deve definir se o sistema a ser aplicado é exequível, rentável e se está posicionado de acordo com os objetivos da empresa ou daquela unidade organizacional específica, quando for o caso. Para isso, o fator preponderante será a relação custo/benefício, que deve estar positivamente relacionada com o tripé que a sustenta: custos, benefícios e retorno do investimento.

9.3.1 Custos

Durante a análise de viabilidade, o gestor deve observar quais são os principais custos que podem surgir no decorrer do desenvolvimento e do planejamento do sistema, por exemplo:

- pessoas, tanto da área de sistemas quanto os usuários;
- equipamentos;
- espaço físico;
- energia elétrica;
- novos formulários;
- materiais;
- outros custos operacionais que dizem respeito ao sistema que está sendo desenvolvido.

9.3.2 Benefícios

Para que haja uma relação custo/benefício positiva, é necessário que o segundo se sobressaia sobre o primeiro. Não importa o quão alto é o custo, se o benefício e o retorno forem maiores, o sistema deve ser implementado. Os principais benefícios a serem analisados são:

- economias diretas, por meio da redução de custos proveniente da utilização do novo sistema;
- benefícios mensuráveis, como o aumento do capital de giro conseguido pela redução dos níveis de estoque, por exemplo;
- benefícios intangíveis, como mais facilidade na decisão, motivação, integração entre as unidades organizacionais, entre outros.

9.3.3 Retorno do investimento

O último elemento do tripé não é menos importante que os outros, muito pelo contrário. De nada adianta um sistema gerar benefícios se o custo de implementação for muito alto e a empresa não obtiver nenhum retorno financeiro com a sua utilização. Cálculos como o Valor Atual Líquido podem ajudar a empresa a determinar se os benefícios superam os custos a ponto de o sistema ser rentável – sempre que essa relação for positiva, conforme dissemos anteriormente, o sistema deve ser imediatamente adotado.

9.4
Levantamento e análise da situação atual

Após feita a análise de viabilidade do sistema, está na hora de o profissional de OSM partir para a análise da situação na qual a empresa se encontra, bem como seus atuais sistemas. Para isso, ele deve fazer um completo levantamento que permitirá ao gestor tomar a decisão final em relação ao sistema que adotará, quais são suas especificações etc. Existem vários métodos para conduzir essa etapa do projeto de sistemas, como entrevistar os usuários, analisar as políticas e diretrizes que já existem na empresa, mesmo que não estejam formalizadas, analisar a interação do sistema atual com a estrutura organizacional, analisar a documentação existente e o seu tratamento. O ideal é que todas essas ferramentas sejam utilizadas em conjunto, para que o mapeamento seja completo e o mais detalhado possível, a fim de que a empresa aproveite todas as suas potencialidades, elimine ou reduza suas dificuldades e consiga obter o máximo possível de desempenho e rendimento.

Entre todas as técnicas de levantamento, três se destacam e são amplamente discutidas, inclusive em livros de metodologia de pesquisa científica: a observação pessoal, a entrevista e o questionário.

9.4.1 Observação pessoal

A observação pessoal deve ser conduzida por profissionais treinados e experientes, por se tratar de um tema que carrega uma forte carga de subjetividade. Mesmo a observação estruturada, científica, na qual o analista conta com uma série de itens a serem analisados já planilhados, como em um grande *checklist*, traz consigo grandes dificuldades por ser uma ferramenta que depende muito da percepção de cada profissional no momento da montagem do relatório. Pense na seguinte situação: você pede para dois amigos irem ao estádio e assistirem a um jogo do time para o qual você torce, no qual participam mais especificamente alguns jogadores sobre os quais você precisa de informações como acerto de passes, finalizações corretas e dribles aplicados. Apesar de termos aí três índices objetivos, seus amigos podem divergir, por exemplo, sobre se o passe foi correto e o adversário o inter-ceptou ou se ele foi realmente errado, se o drible ocorreu por mérito do atacante ou deficiência do zagueiro e por aí vai. Sendo assim, a observação deve ser o mais criteriosa e restrita possível, para que todas as informações coletadas sejam de cunho técnico, e não analítico ou de julgamento.

9.4.2 Entrevistas

Uma das ferramentas de levantamento mais utilizadas em todo o mundo, a entre-vista é uma forma de adquirir informações completas, imediatas e com um grande grau de adaptação do entrevistador durante o processo. Para Oliveira (2009), apesar de ser estruturada, planejada e muitas vezes fechada, a entrevista permite ao gestor "sair do roteiro" caso alguma informação relevante não esperada surja, permitin-do-lhe aprofundar questões que ele sinta serem importantes na hora, interagir e ter um *feedback* de seu interlocutor. É o momento em que o entrevistado esclarece dúvidas, sugere melhorias, motiva e até cobra, se for o caso, mas consegue extrair o máximo de cada colaborador.

Durante a aplicação de entrevistas, há necessidade de se tomar alguns cuidados: com relação ao desvio do assunto principal, que é algo muito recorrente, principalmente quando já há um relacionamento prévio entre entrevistador e entre-vistado; não mensurar o tempo de cada entrevista e, no caso de um número muito grande de entrevistados, tornar o processo quase que inacabável; escolher entrevis-tadores que não são experientes e com habilidade e capacidade para conduzir este processo; fazer uma análise deveras subjetiva que não permitirá a geração de relatórios significativos após a conclusão das entrevistas; pressionar demais os funcionários, causando desmotivação ou até mesmo respostas incompatíveis com a verdade, por medo de consequências ou de mudanças drásticas no ambiente de trabalho.

9.4.3 Questionários

A terceira ferramenta citada como fundamental para o levantamento da situação atual da organização é o questionário, que pode ser aplicado em larga escala, com nível satisfatório de padronização e respostas rápidas, mas, ao mesmo tempo, que não pressionam os colaboradores, que quase sempre respondem de forma anônima, o que garante mais veracidade às respostas. Oliveira (2009) destaca que, comparativamente com a entrevista, o questionário é uma ferramenta de custo bem mais reduzido, pois pode ser aplicado tanto em um formulário simples impresso quanto eletronicamente, em um *website* ou até mesmo por *e-mail* ou tabela de Excel (sem contar *softwares*, aplicativos e programas específicos para isso). Além disso, o questionário permite uma tabulação que irá produzir como resultado relatórios claros, objetivos e de simples compreensão, na maioria das vezes.

Entretanto, alguns cuidados básicos são necessários no momento da montagem dos questionários de levantamento de informações, uma vez que, se as perguntas não forem claras e diretas o suficiente, podem gerar dúvidas para os entrevistados, que, muitas vezes por timidez, medo de parecer ignorante ou até mesmo preguiça, podem responder qualquer coisa somente para se livrarem do questionário, em vez de esclarecer as dúvidas com as pessoas responsáveis. Erros de português ou de construção também podem levar o respondente ao erro, e perguntas que induzem as respostas servem apenas para manipular negativamente o resultado da aplicação dos questionários.

Por isso, é importante que haja um pré-teste com uma amostra reduzida para verificar se todos estão compreendendo bem as perguntas e se não há nenhum erro conceitual ou dificuldade de explanação dos temas a serem tratados no questionário em questão.

9.5
Delineamento e estruturação do novo sistema

A quarta fase do nosso projeto de sistema consiste em definir seus parâmetros de funcionamento. É nessa fase que os fluxos devem ser estabelecidos, bem como as políticas, as áreas envolvidas e os procedimentos básicos de cada unidade organizacional e a relação entre elas.

Recomendamos que, após o delineamento feito pelo profissional de OSM com os demais colaboradores, seja feita uma definição completa do sistema, abordando os seguintes itens:

- Definição dos objetivos e das restrições do sistema, para que todos conheçam exatamente aonde a empresa quer e pode chegar com ele.
- Descrição de como o sistema irá funcionar, que pode ser feita por meio de um fluxo geral do sistema.
- Especificações dos dados de entrada e saída, bem como os meios para sua obtenção e distribuição entre todos os usuários do sistema e de sistemas complementares ou que de alguma forma interajam com esse novo sistema.
- Definição dos conteúdos dos arquivos, dos métodos e dos responsáveis por sua atualização, bem como dos prazos para recebimento e envio de informações para abastecer a base de dados do sistema.

Após o final desta fase, o gestor deverá ter em mãos um rascunho de todas as informações e recursos necessários para que o sistema funcione perfeitamente, bem como todas as recomendações e políticas quanto à sua utilização e à estrutura organizacional da empresa.

9.6
Detalhamento do novo sistema

Como diria o antigo ditado, "Depois do rascunho, vem a obra-prima". Após o "esqueleto" do sistema ser delineado na etapa anterior, este é o momento do aprofundamento dos detalhes e da finalização do sistema para que ele seja colocado em prática. É o momento em que o gestor deve combinar os objetivos, políticas, organização e técnicas da empresa para criar o sistema que possa extrair o máximo da capacidade de cada colaborador e unidade organizacional da corporação.

Para ter um sistema completo e detalhado, o profissional responsável pode – e deve – analisar sistemas semelhantes aplicados em outras empresas, ou até na empresa em questão, realizando sessões de criação em que todos os colaboradores possam ceder ideias finais sobre o projeto, utilizar-se de técnicas estatísticas, projeção, simulação, enfim, tudo que possa ajudar a construir um sistema claro, simples e que respeite as especificidades da empresa para fazer com que todas as unidades organizacionais trabalhem de forma integrada e padronizada.

Assim, é o momento em que os fluxogramas parciais são finalizados; todos os dados e custos são formalizados e providenciados; os formulários e a lógica geral do sistema construídos; os dispositivos e recursos necessários alocados; o plano para implementação é elaborado e começa a entrar em prática.

É importante lembrar que, após finalizado o sistema, este deve ser compartilhado com riqueza de informações para todos os usuários, os quais, quando entrarem em fase de treinamento, já devem ter conhecimentos prévios e, acima de tudo, ter aceito a forma como o sistema funcionará, para evitar que os colaboradores mais inseguros ou até mesmo rebeldes boicotem a fase seguinte, que é a do treinamento.

9.7
Treinamento, teste e implementação do novo sistema

É o momento de colocar o sistema para funcionar. Para isso, três fases funcionam quase que simultaneamente: o treinamento dos usuários, o teste do sistema e a sua implementação acontecem quando tudo já está pronto, porém todo esse processo não precisa ser realizado de uma só vez.

Segundo o pensamento de Oliveira (2009), o treinamento, por exemplo, pode começar desde as primeiras fases dessa metodologia, apesar de ser um risco no que diz respeito às mudanças que ocorrem durante o desenvolvimento do sistema. Entretanto, sempre que possível, o desenvolvedor do sistema deve habilitar os usuários que irão utilizá-lo, para que, quando chegar a hora do lançamento efetivo, eles não tenham que começar do zero, demorando para aprender e, consequentemente, atrasando o projeto. É muito comum em empresas que compram sistemas prontos, e até mesmo nas que desenvolvem seus próprios sistemas, que os cronogramas sofram atraso exatamente nessa etapa, porque os gestores não conseguem dimensionar o tempo exato de que precisarão para que os colaboradores entendam corretamente o funcionamento do sistema, ou então colocam o sistema para funcionar sem que os funcionários estejam devidamente treinados, e os erros provenientes dessa precipitação podem ocasionar inclusive a retirada e a descontinuação do sistema elaborado.

Quanto ao teste, ele pode ser feito em partes ou de forma integral, com o sistema antigo rodando simultaneamente ou sozinho. O ideal é colocar o sistema no ar gradativamente, com uma amostra controlada (muitas vezes com dados que sequer são reais, apenas utilizados para teste) e aos poucos liberar todas as funções e os relatórios.

Outras empresas optam por colocar o novo sistema para funcionar, mas mantendo a antiga versão disponível para o caso da nova falhar. Essa escolha pode gerar problemas porque o preenchimento de formulários de dois sistemas diferentes gera uma burocracia que certamente fará com que o funcionário perca desempenho e, muito provavelmente, motivação.

Por fim, algumas empresas simplesmente colocam o sistema novo para funcionar e o testam no dia a dia, já dependendo dele para obter as informações. Essa é a modalidade de teste que carrega a maior carga de risco, uma vez que qualquer problema pode ocasionar o mau funcionamento e até a paralisação da empresa, que não terá as informações e os relatórios de que tanto precisa. A transição entre o sistema novo e o sistema antigo também costuma causar muitos problemas de incompatibilidade, perda ou duplicação dos dados. Sendo assim, é interessante que a organização tenha uma equipe de transição para identificar e corrigir prontamente esses erros, tão comuns nessa fase de implementação.

9.8
Acompanhamento, avaliação e atualização

Conforme afirmamos no início deste capítulo, o trabalho do profissional de OSM não termina quando o sistema vai ao ar, muito pelo contrário. Por ser um processo cíclico, a correta avaliação e atualização do sistema já pronto permitirá que o próximo tenha seu planejamento mais bem conduzido, e a confecção de novos sistemas que substituam, atualizem ou complementem os existentes vai manter o recém-criado sistema funcionando, sem que este tenha perda de desempenho ou deixe de acompanhar a evolução dos ambientes interno e externo da corporação.

Para isso, é importante já estabelecer métricas de acompanhamento e avaliação do sistema na fase de planejamento, para que, de tempos em tempos (ou até mesmo em tempo real), o gestor possa entender o que está acontecendo na empresa, o que está dando certo e o que precisa ser modificado no sistema. Auditorias e um canal aberto de comunicação que permita a todos os usuários enviarem suas contribuições em forma de sugestões ou reclamações também costumam ajudar muito para que todas as mudanças sejam feitas em seu tempo.

Por fim, o profissional de OSM deve optar pela atualização ou até mesmo substituição do sistema caso perceba que as mudanças são estruturais ou que o investimento para simplesmente alterá-lo é maior que o necessário para começar um novo sistema – não do zero, mas do ponto de avaliação em que o gestor está. É importante ressaltarmos que todas essas ferramentas de controle devem ser definidas desde o início, pois se não ficar bem claro quais são os padrões e critérios de avaliação, a empresa fica sujeita à subjetividade do funcionário, que muitas vezes pode manipular ou omitir algum dado para preservar seu emprego, conseguir uma promoção ou simplesmente sabotar o novo sistema.

O término desse ciclo é importante para que o sistema não fique abandonado por seus criadores e que os usuários, tanto os mais experientes quanto os contratados posteriormente, saibam de sua importância para a empresa e a melhor forma de lidar com suas facilidades e até mesmo com seus problemas.

Síntese

Apresentamos neste capítulo vários métodos de criação de um projeto de sistemas. A definição prévia do sistema a ser aplicado na organização, bem como as escolhas das etapas a serem seguidas, são fatores-chave de sucesso. Demonstramos a elaboração de um projeto com sete fases: (i) seleção e reconhecimento; (ii) estudo de viabilidade e de alternativas; (iii) levantamento e análise da situação atual; (iv) delineamento e estruturação; (v) detalhamento; (vi) treinamento, teste e implementação; (vii) acompanhamento, avaliação e atualização. Em cada uma dessas fases, um pedaço do novo sistema surge, e, dessa forma, o gestor – sempre em conjunto com todos os colaboradores usuários, visando à integração entre as unidades organizacionais da empresa e de modo a gerar valor para o consumidor final – poderá ter um sistema que aproveitará o máximo da capacidade de cada envolvido nesse processo, aumentando assim o retorno e tendo mais benefícios do que custos com o desenvolvimento de um novo sistema.

Exercícios resolvidos

1. Quais são as sete fases para a realização de um projeto de sistema?
Seleção e reconhecimento; estudo de viabilidade e de alternativas; levantamento e análise da situação atual; delineamento e estruturação; detalhamento; treinamento, teste e implementação; acompanhamento, avaliação e atualização.

2. Como podemos medir o retorno de investimento de um sistema?
Por meio da relação custo/benefício, ou seja: os benefícios trazidos por ele, desde os tangíveis até os intangíveis, devem sempre ser superiores aos custos diretos e indiretos referentes à sua criação e manutenção.

3. Uma empresa não precisa de um método de trabalho bem definido quando da concepção de um novo sistema, pois se trata de algo intuitivo que os

funcionários conseguem fazer naturalmente no dia a dia, sem necessitar de maiores instruções. Essa afirmação é:

( ) Verdadeira

(×) Falsa

A afirmativa é falsa, pois cada empresa tem seu próprio sistema, e é fundamental que todos os colaboradores, de todos os níveis organizacionais, sejam informados e treinados a respeito do sistema que está em funcionamento na organização.

Questões para revisão

1. Na fase de levantamento da situação atual da organização, uma das ferramentas mais utilizadas é a entrevista. Nela, o entrevistador pode inclusive sair do roteiro no momento em que julgar necessário – ou por achar que determinada informação não esperada é importante, ou até mesmo para deixar seu interlocutor mais à vontade – e depois voltar ao roteiro preestabelecido para que consiga as informações que está buscando com aquele funcionário. Essa afirmação é:

   ( ) Verdadeira

   ( ) Falsa

2. Utiliza-se muito o questionário para a obtenção de informações dos colabores e para a promoção de uma "radiografia" real e detalhada da situação atual da empresa. Das opções a seguir, marque aquela que **não** representa uma dificuldade para o profissional elaborador do questionário que será aplicado com os usuários do sistema a ser implementado.

   a) Perguntas malfeitas, dúbias ou que não são precisas o suficiente podem causar mais confusão em quem vai responder, proporcionando assim uma gama de informações de qualidade duvidosa.

   b) Alguns sistemas não podem ser colocados em determinadas empresas por causa de sua estrutura organizacional ou até mesmo de sua cultura em relação a alguns processos que precisariam ser implantados.

   c) O tempo que o colaborador tem disponível para responder ao questionário fará com que ele seja mais ou menos detalhista quando for emitir suas respostas.

   d) Apesar do anonimato garantido, muitos podem ter medo de dizer a verdade nos questionários por temer algum tipo de represália de um superior.

   e) A dificuldade de interpretação do funcionário pode levá-lo a entender uma pergunta de maneira diferente daquela em que ela foi concebida.

3. Sobre o acompanhamento e a atualização dos sistemas, é possível afirmar:
   a) Devem ser feitos sempre, de forma constante, com padrões estabelecidos no começo do desenvolvimento dos processos, para que não haja nenhum tipo de deturpação ou distorção seletiva que possa prejudicar ou beneficiar algum usuário ou analista do sistema.
   b) Depois que o sistema já foi testado e implementado, são desnecessários, uma vez que não é preciso avaliar aquilo que já se sabe estar em funcionamento.
   c) Devem ser feitos apenas com sistemas inovadores desenvolvidos dentro da organização, pois estes são menos confiáveis do que sistemas prontos já comprados, principalmente aqueles que vêm do exterior.
   d) Podem ser feitos ou não; depende do estilo do gestor e da vontade e necessidade dele de "caçar bruxas" e demitir as pessoas que não estão usando os sistemas adequadamente.
   e) Devem ser feitos antes dos testes, para saber se está tudo certo, e, enquanto não forem feitos, a organização precisa adiar o lançamento do novo sistema.

4. Por que dizemos que a metodologia de trabalho é um *processo cíclico*?

5. "Completo levantamento que permitirá ao gestor tomar a decisão final em relação ao sistema que adotará, quais suas especificações." Essa definição pode se aplicar a qual etapa do método de trabalho apresentado?

Questões para reflexão

1. Qual é a importância de a empresa "fechar o ciclo" metodológico, ou seja, iniciar um processo, conduzi-lo até o final e ligar esse fim ao início do próximo?

2. Qual é a importância da definição precisa das etapas de uma metodologia?

3. É possível afirmar que uma etapa da metodologia é mais importante do que a outra? Justifique sua resposta.

Para saber mais

Caso você queira se aprofundar no tema do pensamento científico e metodológico moderno, recomendamos a seguinte leitura:

DESCARTES, R. **Discurso do método**. Tradução de Maria Ermantina Galvão. São Paulo: M. Fontes, 1996.

capítulo

10

Fernando Rossini

Conteúdos do capítulo

- Manuais.
- Vantagens do uso de manuais.
- Desvantagens do uso de manuais.
- Requisitos para utilização de manuais.
- Roteiro para elaboração de manuais.
- Tipos de manuais.

Após o estudo deste capítulo, você será capaz de:

1. determinar as vantagens, as desvantagens e os pré-requisitos para a construção de um manual dentro de uma organização;
2. distinguir os diferentes tipos de manuais e saber quando optar pela utilização de cada um;
3. analisar o processo de criação de um manual, bem como as dificuldades de se desenvolver esse tipo de material.

Manuais e normas de serviço

Estamos chegando ao final do livro. Neste capítulo, abordaremos uma ferramenta que serve para colocarmos em prática tudo o que foi explicado anteriormente: os manuais. Quais são as vantagens e desvantagens de se utilizar esse tipo de material? Qual é a melhor forma de montá-lo? Quais são os tipos de manuais que existem?

10.1
Manuais

Para Maximiano (2000), um manual pode ser definido com um conjunto de procedimentos, normas, atividades, funções, instruções, entre outras coisas, que tem um tempo de duração relativamente longo e serve como obra de referência para todos os colaboradores em sua área de competência. Kroll, Parnell e Wright (2009) destacam que, por meio dos manuais, todos conseguem entender o que é esperado de cada um, tanto na atuação individual quanto coletiva, e a forma como devem atuar diante das mais diversas situações, principalmente as ordinárias, mais previsíveis durante a confecção desse material.

Como em todas as ferramentas administrativas, encontramos diversas vantagens e desvantagens no uso de manuais: ele pode ser um excelente balizador para o comportamento dos colaboradores, mas, ao mesmo tempo, não ser flexível o bastante e não prever diversas situações, deixando o funcionário sem saber o que fazer. Portanto, vamos demonstrar o que há de bom e de ruim na utilização de um manual.

10.1.1 Vantagens do uso de manuais

Conforme já dissemos, há muitas vantagens em se utilizar um manual. Vamos às principais delas, segundo Oliveira (2009):

- O manual, por si só, é uma importante e permanente fonte de informações a ser consultada, sempre que necessário, sobre todos os trabalhos desenvolvidos na empresa. Não há nenhum impedimento para que um funcionário sempre o consulte quando necessário, e não é preciso parar o trabalho de mais ninguém para que determinado procedimento ou norma da empresa seja explciada.
- Serve como referência e padrão para normas, procedimentos, funções administrativas, critérios a serem utilizados nas mais diversas situações por várias unidades estratégicas da empresa, inclusive em locais distantes.
- Pode ser utilizado como "juiz" em disputas acerca de temas conflitantes dentro da empresa, evitando discussões, equívocos e atribuição de culpa sobre os colaboradores que efetuam seu trabalho com correção. Se bem utilizado, pode inclusive antecipar o conflito, evitando que ocorra.
- É para o gestor uma importante ferramenta de treinamento, integração, motivação e orientação, tanto para antigos quanto para novos funcionários. Por meio dos manuais, os colaboradores conhecem seus direitos e deveres, bem como esclarecem dúvidas sobre planos de carreira, benefícios, entre outros temas de suma importância para eles.
- Evita improvisações ou atitudes tomadas por impulso, uma vez que sempre irá nortear o trabalho dentro da organização. O funcionário que não souber o que fazer ou que fizer algo mesmo sabendo que a atitude em questão não consta do manual jamais poderá alegar desconhecimento do procedimento correto, tampouco da punição correspondente, se for o caso.
- Facilita o processo de hierarquização dentro da empresa, pois pode determinar de forma clara e inequívoca quais são os cargos, as funções e as atribuições de cada um, bem como a qual cargo cada um deve se reportar diariamente.
- Permite que o funcionário conheça exatamente o seu papel e a sua representatividade dentro de empresa, fazendo, assim, um bom trabalho de motivação.
- Apresenta avaliação objetiva das práticas e dos processos pertencentes à organização.

Como você pode observar, são muitas as vantagens em se utilizar um manual. Quando bem feito, esse material pode ser usado no treinamento, em determinações, no norteiamento, na motivação, na fiscalização e na avaliação. É um documento complexo, de difícil criação, por não poder dar margem de dúvidas ou de interpretação. A linguagem deve ser clara e concisa, para que o funcionário se sinta estimulado a ler e entenda perfeitamente o teor do que está escrito.

Porém, também existem algumas desvantagens no uso de um manual dentro de uma organização, como mostraremos a seguir.

10.1.2 Desvantagens do uso de manuais

Oliveira (2009) destaca as seguintes situações não favoráveis advindas de manuais:

- Apesar de ser uma boa referência, um manual jamais será a solução para todos os problemas de uma organização. Por ter um prazo de validade determinado (mesmo que relativamente longínquo) e principalmente por não conseguir prever 100% das situações que ocorrem no ambiente do trabalho, o manual deve ser encarado como uma referência, e não como um livro sagrado que traz todas as respostas de que precisamos. Lembrem-se: a maior regra que vale dentro de uma empresa ainda é o bom senso.

- Se a confecção dos materiais, em especial os textos, não seguir rigorosos padrões linguísticos e de conteúdo, pode haver confusão, desorientação, polêmicas, confusões, enfim, problemas que se pretende evitar. Um manual malfeito é mais um instrumento de desorganização da empresa, ao contrário de seu objetivo primordial.

- O custo de preparação, produção e atualização do material é relativamente alto, principalmente se comparado a outras ferramentas como memorandos etc. Em casos de empresas ou mercados muito dinâmicos, que sofrem muitas mudanças, um manual é um material quase que descartável, o que torna sua existência financeiramente inviável.

- O preparador de um manual tem que escolher entre duas opções: ele será genérico e pouco flexível, para que tenha uma grande durabilidade, deixando as decisões de temas mais polêmicos ou específicos a cargo dos gestores; ou ele será bastante específico e detalhado, porém com um prazo de validade bastante curto. Essa decisão, que também passa pela questão do custo citada acima, pode dar maior ou menor utilidade a esse material e, consequentemente, o envolvimento dos colaboradores com ele vai ser diferente, de acordo com suas características.

- Os manuais conseguem abordar os aspectos formais da empresa, deixando de lado os informais, que muitas vezes se sobrepõem ao que é formalizado no dia a dia e têm uma importância não considerada por esse material.
- Muitas vezes, o manual pode inibir a criatividade, a proatividade e a livre iniciativa dos funcionários, que irão se sentir muito amarrados pelas regras que sabem que terão de cumprir rigorosamente por estarem registradas em um documento formal da empresa compartilhado por todos.

Aqui, em contraponto às vantagens apresentadas anteriormente, pudemos observar que os manuais têm como seu maior problema a questão da inflexibilidade e de sua incapacidade de lidar com a imprevisibilidade do dia a dia. Como já dissemos, a empresa que vê em seu manual um livro sagrado, que não permite contestação ou contraponto, terá problemas no dia a dia devido às mudanças que ocorrem entre o período em que o material é preparado e o período em que ele é efetivamente utilizado. Tanto o analista quanto o usuário devem olhar para o manual com um olhar crítico, para que as atualizações sejam feitas em seu devido tempo e de acordo com as mudanças no ambiente, seja interno, seja externo.

10.1.3 Requisitos para a utilização de manuais

Para preparar e colocar em prática um manual administrativo, é necessário que a empresa siga alguns requisitos básicos de eficácia. Oliveira (2009) aponta que, sem eles, certamente ocorrerão problemas decorrentes da não observância dos pontos a seguir:

- A empresa deve efetivamente precisar de um manual. Fazê-lo só por fazer não costuma trazer resultados práticos; muito pelo contrário, transforma o manual em um custo para a organização.
- Tanto a diagramação quanto a redação devem ser adequadas, simples e diretas. A linguagem escolhida deve estar de acordo com o público-alvo, os termos técnicos devem ser explicados detalhadamente e, se possível, um canal de comunicação para elucidação de dúvidas deve ser aberto. Não podemos esquecer que um material gráfico bonito não é necessariamente adequado. A escolha das fontes, das cores e da disposição dos elementos no *design* do material deve ter um planejamento cuidadoso, sempre tendo-se em mente a experiência do usuário e os objetivos daquele manual em questão.

- Deve ter conteúdo suficiente para que não haja dúvida ou margem de interpretação ao final. Um manual que necessite de alguém para explicá-lo ou complementá-lo é inútil, uma vez que os funcionários irão direto aos gestores e não se darão ao trabalho de ler o manual, que eles sabem ser incompleto. Deve-se pensar que o usuário, via de regra, não terá muito tempo para ler o manual, mas, nesse pouco tempo, deve absorver o máximo de conteúdo possível.
- Todos os colaboradores da empresa devem receber esse manual, bem como fornecedores, distribuidores, terceirizados e qualquer público que dele possa necessitar. O manual não pode conter informações sigilosas, pois a divulgação desse material sempre se faz ampla e quase que irrestrita, uma vez que, quanto mais pessoas conhecerem os procedimentos, as normas e os processos a serem adotados, maior a disseminação da informação e menor a possibilidade de erro.
- O processo de revisão, atualização e distribuição deve ser contínuo e, se possível, de tempos em tempos a empresa deve fazer avaliações em relação ao conhecimento do manual por parte de seus funcionários. Muitas vezes, um colaborador recebe o manual quando entra na empresa, lê, é avaliado no processo de integração e depois nunca mais toca no assunto. Uma organização que faz com que a leitura desse material seja contínua e regular consegue potencializar as vantagens e minimizar as desvantagens de se utilizar um manual administrativo.

10.2
Roteiro para a elaboração do manual

Conforme dissemos, um manual deve ser feito com muito cuidado e planejamento, por isso a necessidade de que várias etapas sejam criteriosamente seguidas. Fizemos uma imagem para ilustrar esse processo de elaboração de um manual.

Figura 10.1 – Processo de elaboração de um manual

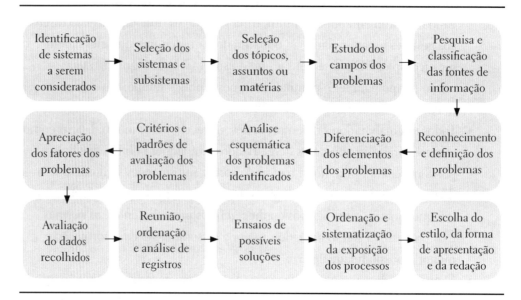

Fonte: Adaptado de Oliveira, 2002, p. 401.

Como você pode ver, não é um processo simples, pois demanda um grande conhecimento acerca da empresa e seu funcionamento. Uma palavra que aparece com frequência no roteiro é *problema*. Isso se deve ao fato de que o manual deve tentar antecipar, sempre que possível, qualquer problema que possa surgir no dia a dia da empresa e apresentar possíveis soluções e procedimentos para ele. É lógico que esse roteiro pode e deve ser adaptado às condições de cada empresa, bem como à situação específica que leva à sua confecção, mas é de suma importância que haja esse fator de planejamento e desenvolvimento e só depois a criação propriamente dita, que, apesar de ser a última fase, não deve ser relegada a segundo plano ou considerada menos importante.

10.3
Tipos de manuais

Existem diversos tipos de manuais que podem ser criados por uma organização, para diferentes objetivos, necessidades e situações. Apesar de ser possível para a empresa reunir todos esses manuais em um grande manual, isso não é aconselhável, por tratar-se de materiais completamente diferentes e porque um manual muito grande sofrerá grande resistência dos colaboradores em relação à sua leitura, uma vez que encontrarão dificuldades para encontrar alguma informação específica quando o prazo para essa consulta for pequeno.

10.3.1 Manual de organização

O manual de organização, também conhecido como *manual de funções*, serve para estabelecer a forma como a empresa está organizada, quais são suas unidades organizacionais, como estas devem interagir entre si, quais os níveis de autoridade e responsabilidade de cada cargo, entre outros detalhes. Seu conteúdo deve trazer informações acerca dos objetivos gerais e setoriais da empresa, organogramas, funções, níveis hierárquicos, aspectos de centralização e descentralização, grau de autoridade de cada função e interações com os sistemas de informação e comunicação da empresa.

10.3.2 Manual de normas e procedimento

Os manuais de normas e procedimentos são mais numerosos e de utilização mais frequente nas corporações. Além disso, servem para descrever a atividade de cada unidade organizacional da empresa e detalhar o desenvolvimento de cada uma. O conteúdo desses materiais deve trazer, além de normas (ou seja, quem executa ou pode executar cada etapa de cada processo dentro da empresa), procedimentos e a forma como essa execução deve ser feita, formulários, fluxogramas, tabelas, figuras e reproduções de textos ou documentos externos à empresa de grande utilização dentro da corporação.

10.3.3 Manual de políticas ou diretrizes

Voltado a executivos e tomadores de decisão de uma maneira geral, o manual de políticas e diretrizes tem como objetivo criar uma descrição ou um padrão para a tomada de decisões dentro da organização, sempre com a finalidade de alcançar os objetivos finais. Serve ainda para estabelecer o processo de delegação de responsabilidades, a fim de que o responsável pela tomada de decisão possa destinar seus recursos a essa parte final do processo, deixando decisões menores, bem como a parte operacional do processo, a outros colaboradores. Seu conteúdo deve trazer basicamente as políticas da empresa para cada área, como *Marketing*, Tecnologia, Logística, Recursos Humanos, Produção, Finanças, Comercial, Jurídico, Contabilidade e qualquer outro departamento que possa haver na estrutura da empresa.

10.3.4 Manual de instruções especializadas

O manual de instruções especializadas é semelhante ao manual de normas e procedimentos, porém voltado para áreas específicas da empresa, como: o "Manual do vendedor", o "Manual do financista" e o "Manual do encarregado de produção". Esse tipo de material só deve ser utilizado quando a empresa tem um número de colaboradores que justifique o custo de sua produção, uma vez que é mais fácil treinar pessoalmente os funcionários caso o número seja pequeno. Ele serve para melhorar o treinamento dos colaboradores, trabalhando de forma específica as características de cada função dentro da organização, e deve trazer como conteúdo os objetivos, as funções e as informações básicas sobre o cargo em questão, além das instruções sobre como conduzir as tarefas no dia a dia e de que forma o colaborador deve interagir com os colegas dos outros departamentos e funções.

10.3.5 Manual do empregado

Também chamado *manual de integração*, o manual do empregado é entregue no primeiro dia de trabalho de cada funcionário, para que seja feita a apresentação da empresa, bem como para esclarecer sobre os direitos e deveres de cada um. Deve ser feito de um material leve, para não assustar o novo colaborador, de forma que já motive quem está chegando. Seu conteúdo é pautado por informações básicas sobre a empresa, clima organizacional, direitos e deveres, pacotes de benefícios e regime de incentivos, sanções previstas, procedimentos a serem tomados em situações de dúvidas ou emergências, normas gerais de comportamento e serviços que a empresa disponibiliza aos seus funcionários, além de outras informações que possam ser úteis no treinamento do novo colaborador.

10.3.6 Manual de finalidade múltipla

Conforme já afirmamos, a empresa pode juntar todos os tipos de manuais em um único manual, chamado de *manual de finalidade múltipla*. Ele serve para cumprir todos os objetivos anteriores e traz em seu conteúdo o maior número de informações específicas. A grande dificuldade da elaboração de um material dessa envergadura é ter de optar entre um material muito genérico, que não abordará questões inerentes a cada cargo, ou um manual bastante completo, inclusive nas especificidades, mas que ficará deveras volumoso e dificultará a leitura por parte do colaborador, que encontrará muitas informações que não guardam nenhuma relação com o desenvolvimento de sua função específica dentro da organização.

Dica

Um dos manuais mais utilizados no mundo profissional e acadêmico é o manual de normas da ABNT (Associação Brasileira de Normas Técnicas), que estabelece padrões de qualidade nas mais diversas áreas de atuação.

Síntese

Demonstramos neste capítulo a importância do desenvolvimento de bons manuais dentro de uma empresa. Esse tipo de material, utilizado em larga escala, traz muitas vantagens: boa referência e fonte de informação; estabelecimento e divulgação de padrões para normas, procedimentos, atitudes e comportamento dos colaboradores; mediação de conflitos mediante a clara exposição das regras da empresa para cada tipo de situação; auxílio no treinamento, na capacitação e na motivação dos colaboradores; previsão de sanções no caso de atitudes tomadas por impulso por parte de um colaborador; auxílio no processo de hierarquização dentro da organização; esclarecimento ao funcionário sobre seu papel dentro da empresa, bem como sobre seus direitos, deveres e atribuições, além da forma que ele deve interagir com os demais colegas; avaliação objetiva das práticas e dos processos pertencentes àquela organização.

Entretanto, o manual também traz algumas desvantagens, como limitações no que diz respeito às situações que é capaz de prever e os conflitos que pode ajudar a resolver; confusões devido à má redação ou à utilização de elementos linguísticos e estéticos inadequados; custo relativamente alto, não sendo um material recomendável em empresas que não tenham um número de funcionários que justifique financeiramente sua elaboração; conteúdo muito genérico e pouco flexível ou bastante específico e com prazo de validade muito curto; ausência de abordagem dos aspectos informais da empresa, que são de suma importância no decorrer das atividades e processos; possibilidade de inibir a criatividade e a proatividade dos funcionários.

Explicamos ainda que, para elaborar um manual, uma empresa deve ter como requisito básico uma clara determinação da sua estrutura organizacional, bem como de seus processos; deve precisar claramente desse manual e desenvolvê-lo respeitando as características do público-alvo no que diz respeito à linguagem utilizada (tanto escrita quando de *layout*); ter conteúdo suficiente que justifique a criação deste material; divulgar para o maior número possível de pessoas que tenham relacionamento direto com a empresa; e revisar e atualizar frequentemente o manual, seja ele de que tipo for.

Também apresentamos os tipos de manuais, como o manual de organização, de normas e procedimentos, de políticas ou diretrizes, de instruções especializadas, do empregado ou até mesmo de finalidade múltipla, que seria um manual com todos os tipos anteriores reunidos em um só material.

Exercícios resolvidos

1. Quais são as maiores vantagens em se criar um manual dentro de uma organização?

São várias as vantagens em se criar um manual: ser uma boa referência e fonte de informação; estabelecer e divulgar padrões para normas, procedimentos, atitudes e comportamento dos colaboradores; mediar conflitos mediante a clara exposição das regras da empresa para cada tipo de situação; ajudar no treinamento, na capacitação e na motivação dos colaboradores; evitar atitudes tomadas por impulso que possam prejudicar a empresa e prever sanções quando elas ocorrerem; facilitar o processo de hierarquização dentro da organização; permitir que o funcionário conheça exatamente seu papel na empresa, bem como seus direitos, deveres e atribuições, além da forma como ele deve interagir com os demais colegas; e apresentar uma avaliação objetiva das práticas e dos processos pertencentes àquela organização.

2. Quais as principais desvantagens de se criar um manual dentro de uma organização?

Apesar de ser um material utilizado em larga escala e com muitas vantagens e motivos para ser utilizado, o manual também traz algumas desvantagens e dificuldades, como ter limitações no que diz respeito às situações que é capaz de prever e os conflitos que pode ajudar a resolver; as confusões que pode causar devido à má redação ou utilização de elementos linguísticos e estéticos; o custo relativamente alto que pode ter, não sendo um material recomendável em empresas que não tenham um número de funcionários que justifique financeiramente a sua elaboração; o conteúdo muito genérico e pouco flexível ou bastante específico e com prazo de validade muito curto; a não abordagem dos aspectos informais da empresa, que são de suma importância no decorrer das atividades e processos; a inibição da criatividade e a da proatividade dos funcionários.

3. Os manuais, apesar de sua importância dentro da empresa, também podem trazer situações problemáticas. Um texto mal redigido, elementos gráficos mal escolhidos ou até mesmo uma instrução que não esteja suficientemente clara ou que seja passível de interpretação dúbia pode levar um colaborador ao erro

ou até mesmo gerar um conflito dentro da empresa, uma vez que os funcionários podem contestar essa instrução sabidamente errada, e a partir disso, deixar de dar credibilidade às outras informações presentes no manual, que, por sua vez, são verdadeiras. Assim, uma frase errada pode prejudicar a qualidade de todo o material e sua utilização dentro da empresa. Essa afirmação é:

(×) Verdadeira

( ) Falsa

A afirmação está correta porque está de acordo com o que foi desenvolvido no capítulo: é fundamental que um manual seja claro e conciso para que as regras estejam claras para todos e não sejam passíveis de contestação.

Questões para revisão

1. Existe um manual que reúne todos os outros tipos de manuais, apesar de esse material não ser aconselhado por trazer uma abordagem genérica demais ou por ser demasiadamente volumoso, no caso de trabalhar com as especificidades de cada função ou departamento. Esse manual é chamado de *manual de finalidade múltipla*. Essa afirmação é:

   ( ) Verdadeira

   ( ) Falsa

2. Este manual é feito para cada função, trazendo características inerentes ao cargo bem como instruções para o desenvolvimento daquela carreira específica. Deve ser utilizado quando o número de funcionários da organização justifica essa criação, possibilitando um melhor treinamento e uma melhor capacitação dos colaboradores. O nome deste manual é:

   a) Manual de finalidade múltipla.

   b) Manual de instruções especializadas.

   c) Manual de políticas ou diretrizes.

   d) Manual de normas e procedimentos.

   e) Manual de organização.

3. Podemos dizer que o manual de organização serve para:

   a) a apresentação da empresa, bem como para esclarecer sobre os direitos e deveres de cada um. Deve ser feito de um material leve, para não assustar o novo colaborador, de forma que já motive quem está chegando.

   b) uma descrição ou um padrão para a tomada de decisões dentro da organização, sempre com finalidade de alcançar os objetivos finais.

c) o auxílio ao treinamento dos colaboradores, trabalhando de forma específica as características de cada função dentro da organização, e deve trazer como conteúdo os objetivos, as funções e as informações básicas sobre o cargo em questão, além das instruções sobre como conduzir as tarefas no dia a dia e de que forma o colaborador deve interagir com os colegas dos outros departamentos e funções.

d) a descrição da atividade de cada unidade organizacional da empresa e detalhar o desenvolvimento de cada uma.

e) o estabelecimento da forma como a empresa está organizada, quais são suas unidades organizacionais, como estas devem interagir entre si, os níveis de autoridade e a responsabilidade de cada cargo, entre outros detalhes.

4. Um gestor tem um grande número de funcionários em sua empresa, e como a rotatividade é alta, colaboradores novos sempre são contratados. Para ganhar agilidade no processo de integração, o profissional pensa em criar um manual. Qual manual você recomendaria a esse gestor?

5. Qual é a política que não faz parte de um manual de políticas ou diretrizes?

–Questões para reflexão

1. Qual é a importância de um manual para uma organização?

2. Quem deveria ser responsável pela elaboração de um manual?

3. Com qual frequência os manuais devem ser atualizados? Justifique sua resposta.

Para saber mais

Um filme que trata de forma divertida a questão dos manuais é **A verdade nua e crua** (2009), estrelado por Gerard Butler e Katherine Heigl. No filme, Abby Richter é uma produtora de um programa de televisão e está em busca do amor de sua vida. Porém, para isso, ela tem um manual de instruções e perguntas que devem ser feitos nos primeiros encontros – o que logicamente dificulta a missão de encontrar o verdadeiro amor.

A VERDADE nua e crua. Direção: Robert Luketic. EUA: Columbia Pictures, 2009. 96 min.

---

para concluir...

Ao longo desta obra, apresentamos os principais conceitos de OSM, bem como suas aplicações. Esperamos que o conteúdo venha a se somar a sua experiência profissional, em especial se você busca a atuação mais técnica nessa área.

É necessário entender o funcionamento da empresa como um sistema: todas as áreas devem funcionar em conjunto – quando isso não acontece, esse problema pode causar um desequilíbrio em todo o restante do sistema.

Saber integrar as diferentes áreas bem como usar as ferramentas mais adequadas é função do profissional de OSM, que, acima de tudo, é o integrante da empresa que buscará extrair o melhor de cada profissional, em cada área, para que o desempenho geral dos funcionários seja ainda melhor que a soma de seus desempenhos individuais.

Caso queira aprofundar-se ainda mais no assunto, siga as indicações bibliográficas, que trazem o detalhamento e as correntes teóricas sobre os temas abordados nesta obra, sempre no contexto no qual elas foram escritas. É possível que você tenha percebido que algumas obras da década de 1980 foram aqui citadas, o que se justifica por ser o momento em que as empresas começaram a avançar no pensamento sistêmico, reforçadas pelos avanços da informática.

Por fim, o nosso desejo é de que você se sinta preparado para enfrentar as dificuldades impostas ao profissional de OSM e que consiga aplicar em seu dia a dia tudo que foi demonstrado aqui.

Referências

AHLSTARAND, B.; LAMPEL, J.; MINTZBERG, H. **Safári de estratégia**: um roteiro pela selva do planejamento estratégico. 2. ed. Porto Alegre: Bookman, 2010.

ANDREOLI, T. P.; RESENDE, T. P. A. A questão da acessibilidade no setor aéreo brasileiro: um ensaio teórico à luz das dificuldades inerentes à prestação de serviços. In: CONGRESSO NACIONAL DE INICIAÇÃO CIENTÍFICA, 13., 2013, São Paulo. **Anais...** São Paulo: Semesp, 2013.

AQUILANO, N. J.; CHASE, R. B.; DAVIS, M. M. **Fundamentos da administração da produção**. 3. ed. São Paulo: Bookman, 2001.

ARAUJO, L. C. G. de. **Organização, sistemas e métodos e as tecnologias de gestão organizacional**. São Paulo: Atlas, 2011.

ARMAMAR. Setor primário. Disponível em: <http://www.cm-armamar.pt/at-economicas/setor-primario>. Acesso em: 25 maio 2015.

BALLESTERO-ALVAREZ, M. E. **Manual da organização, sistemas e métodos**: uma abordagem teórica e prática da engenharia da informação. São Paulo: Atlas, 2015.

BATEMAN, T.; SNELL, S. A. **Administração**: novo cenário competitivo. São Paulo: Atlas, 2006.

BATISTA, E. L. **Terceirização no Brasil e suas implicações para os trabalhadores.** São Paulo: Saraiva, 2013.

BELCH, G. E.; BELCH, M. A. **Propaganda e promoção.** 7. ed. São Paulo: McGraw-Hill, 2008.

BNDES – Banco Nacional do Desenvolvimento. **Porte de empresa.** Disponível em: <http://www.bndes.gov.br/SiteBNDES/bndes/bndes_pt/Institucional/Apoio_Financeiro/porte.html>. Acesso em: 2 maio 2015.

BERTALANFFY, L. V. **Teoria geral dos sistemas.** Petrópolis: Vozes, 1975.

BRASIL ESCOLA. **Setor secundário.** Disponível em: <http://www.brasilescola.com/economia/setor-secundario.htm>. Acesso em: 25 maio 2015.

BRUTON, G. D.; KEELS, J. K.; SHOOK, C. L. Downsizing the Firm: Answering the Strategic Questions. **Academy of Management Executive,** v. 10, n. 2, p. 38-45, 1996.

CARAVANTES, G. R.; KLOECKNER, M. C.; PANNO, C. C. **Administração:** teorias e processo. São Paulo: Pearson Prentice-Hall, 2005.

CARREIRA, D. **Organização, sistemas e métodos.** São Paulo: Saraiva, 2009.

CERTO, S. C. et al. **Administração estratégica:** planejamento e implantação de estratégias. São Paulo: Pearson Education do Brasil, 2010.

CHAIKEN, S.; EAGLY, A. H. **The Psychology of Attitudes.** Fort Worth: Harcourt Brace Jovanovich, 1993.

CHAMBERS, S.; JOHNSTON, R.; SLACK, N. **Administração da produção.** São Paulo: Atlas, 2009.

CHIAVENATO, I. **Administração:** teoria, processo e prática. São Paulo: Elsevier; Campus, 2006.

_____. **Introdução à teoria geral da administração.** 7. ed. São Paulo: Elsevier, 2003.

_____. **Introdução à teoria geral da administração.** 8. ed. São Paulo: Elsevier; Campus, 2011.

CORREA, H. L.; CORREA, C. A. **Administração de produção e de operações.** São Paulo: Atlas, 2006.

CORREA, H. L.; GIANESI, I. G. N. **Administração estratégica de serviços:** operações para a satisfação do cliente. São Paulo: Atlas, 2006.

CRUZ, T. **Sistemas, organização e métodos.** São Paulo: Atlas, 2015.

CURY, A. **Organização e métodos**: uma visão holística. 7. ed. São Paulo: Atlas, 2000.

_____. **Organização e métodos**: uma visão holística. 8. ed. São Paulo: Atlas, 2013.

DESCARTES, R. **Discurso do método**. Tradução de Maria Ermantina Galvão. São Paulo: M. Fontes, 1996.

DRUCKER, P. F. **A administração na próxima sociedade**. São Paulo: Nobel, 2002.

ECONOMIA BRASIL. **O setor terciário ou de serviços da economia**. Disponível em: <http://economiabrasil.com/o-setor-terciario-ou-de-servicos-da-economia>. Acesso em: 25 maio 2015.

ETZIONI, A. **Organizações modernas**. São Paulo: Pioneira, 1980.

GIOSA, L. A. **Terceirização**: uma abordagem estratégica. São Paulo: Pioneira, 2003.

GREENPEACE. Disponível em: <http://www.greenpeace.org/brasil/pt>. Acesso em: 13 jun. 2015.

HITT, M. A.; HOSKISSON, R. E.; IRELAND, R. D. **Administração estratégica**: competitividade e globalização. São Paulo: Pioneira Thomson Learning, 2003.

HOFFMAN, K. D. et al. **Princípios do marketing de serviços**: conceitos, estratégias e casos. São Paulo: Cengage Learning, 2010.

IBGE – Instituto Brasileiro de Geografia e Estatística. **Indicadores econômicos**. Disponível em: <http://www.ibge.gov.br/home/mapa_site/mapa_site.php#economia>. Acesso em 13 jun. 2015.

KANAANE, R. **Comportamento humano nas organizações**: o homem rumo ao século XXI. São Paulo: Atlas, 1994.

KROLL, M.; PARNELL, J.; WRIGHT, P. **Administração estratégica**: conceitos. São Paulo: Atlas, 2009.

LAMENZA, A. **Estratégias empresariais**: pesquisas e casos brasileiros. São Paulo: Saint Paul, 2008.

LAUGENI, F. P.; MARTINS, P. G. **Administração da produção**. São Paulo: Saraiva, 2002.

LOVELOCK, C.; WIRTZ, J. **Marketing de serviços**: pessoas, tecnologia e resultados. 5. ed. São Paulo: Pearson Prentice Hall, 2006.

MARCONDES, D. **Textos básicos de filosofia**: dos pré-socráticos a Wittgenstein. Rio de Janeiro: J. Zahar, 2000.

MAXIMIANO, A. C. A. **Introdução à administração.** São Paulo: Atlas, 1992.

_____. **Teoria geral da administração**: da revolução urbana à revolução digital. 3. ed. São Paulo: Atlas, 2000.

MINTZBERG, H.; QUINN, J. B. **O processo de estratégia:** conceitos, contextos e casos selecionados. Porto Alegre: Bookman, 2001.

_____. **O processo de estratégia**: conceitos, contextos e casos selecionados. 4. ed. Porto Alegre: Bookman, 2006.

MISOCZKY, M. C. A. Da abordagem de sistemas abertos à complexidade: algumas reflexões sobre seus limites para compreender processos de interação social. **Cadernos Ebape/FGV**, v. 1, n. 1, p. 1-17, ago. 2003. Disponível em: <http://www.scielo.br/pdf/cebape/v1n1/v1n1a02.pdf>. Acesso em: 13 jun. 2015.

MOREIRA, D. A. **Administração da produção e operações.** 5. ed. São Paulo: Pioneira, 2000.

MORGAN, G. **Imagens da organização.** São Paulo: Atlas, 1986.

MOTTA, F. C. P. A teoria geral dos sistemas na teoria das organizações. **RAE – Revista de Administração de Empresas da Fundação Getúlio Vargas**, v. 11, n. 1, p. 17-33, jan./mar. 1971. Disponível em: <http://rae.fgv.br/sites/rae.fgv.br/files/artigos/10.1590_S0034-75901971000100003.pdf>. Acesso em: 13 jun. 2015.

MOTTA, F. C. P.; VASCONCELLOS, I. **Teoria geral da administração.** São Paulo: Pioneira Thomson Learning, 2002.

OLIVEIRA, D. de P. R. de. **Estrutura organizacional**: uma abordagem para resultados e competitividade. São Paulo: Atlas, 2014.

_____. **Planejamento estratégico**: conceitos, metodologias e práticas. São Paulo: Atlas, 2009.

_____. **Sistemas, organização e métodos**: uma abordagem gerencial. 13. ed. São Paulo: Atlas, 2002.

OLIVEIRA, M. A. **Terceirização**: estruturas e processos em xeque nas empresas. São Paulo: Nobel, 1994.

POLONIO, W. A. **Terceirização**: aspectos legais, trabalhistas e tributários. São Paulo: Saraiva, 2000.

PORTER, M. E. **A vantagem competitiva das nações.** 5. ed. Rio de Janeiro: Campus, 1998.

_____. **Estratégia competitiva**: técnicas para análise de indústria e da concorrência. Rio de Janeiro: Campus, 1980.

PORTER, M. E. **Estratégia**: a busca da vantagem competitiva. 2. ed. Rio de Janeiro: Campus, 1988.

PORTER, M.; MONTGOMERY, C. (Org.). **Estratégia**: a busca da vantagem competitiva. Rio de Janeiro: Campus, 1998.

SEBRAE – Serviço Brasileiro de Apoio às Micro e Pequenas Empresas. **Critérios de classificação de empresas**: EI – ME – EPP. Disponível em: <http://www.sebrae-sc.com.br/leis/default.asp?vcdtexto=4154>. Acesso em: 13 jun. 2015a.

_____. **O que é ser MEI**. Disponível em: <http://www.sebrae.com.br/sites/PortalSebrae/sebraeaz/Microempreendedor-Individual-conta-com-o-Sebrae>. Acesso em: 13 jun. 2015b.

SEVERINO, A. J. **Metodologia do trabalho científico**. São Paulo: Cortez, 2007.

SHANNON, C.; WEAVER, W. **The Mathematical Theory of Communication**. Urbana: University of Illinois Press, 1949.

SIMON, H. A. **The New Science of Management Decision**. New York: Harper and Row, 1960.

SROUR, R. H. **Poder, cultura e ética nas organizações**. Rio de Janeiro: Campos, 1998.

TOMASKO, R. M. **Downsizing**: reformulando e redimensionando sua empresa para o futuro. São Paulo: Makron Books, 1992.

TUBINO, D. F. **Planejamento e controle da produção**. São Paulo: Atlas, 2007.

WIENER, N. **Cibernética e sociedade**: o uso humano de seres humanos. São Paulo: Cultrix, 1968.

WILLIAMS, C. **ADM**. São Paulo: Cengage Learning, 2010.

WORLD BANK DATA. Disponível em: <http://data.worldbank.org>. Acesso em: 13 jun. 2015.

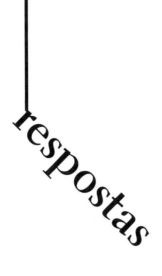

Capítulo 1

Questões para revisão

1. Verdadeira
2. a
3. e
4. Porque o profissional de OSM precisa convencer os colegas colaboradores a "comprarem sua ideia" e a utilizar o sistema desenvolvido por ele sem nenhum tipo de ressalva ou resistência.
5. Não há um modelo único: a área de OSM pode ser tanto um departamento gerencial quanto uma área assessora, desde que tenha acesso e autonomia para espalhar seus processos pela empresa e fazer deles uma filosofia de trabalho.

Capítulo 2

Questões para revisão

1. Todo sistema se contrai porque se divide em partes menores (subsistemas), que, em uma relação de interdependência, interligam-se em torno de um objetivo comum. Da mesma forma, todo sistema também se expande,

fazendo parte de um todo maior, um meio ou ambiente no qual está inserido.

2. c

3. De um conjunto amplo e complexo de variáveis tecnológicas, políticas, econômicas, legislativas, sociais, demográficas e ecológicas que envolvem e influenciam as empresas.

4. b

5. d

Capítulo 3

Questões para revisão

1. e

2. c

3. O trabalho de Taylor deu ênfase às tarefas e à divisão do trabalho humano, focando-se, assim, nas atividades nos níveis baixos (inferiores) da organização. Já Fayol focou mais na questão da organização e nas formas de estruturá-las, encarando, dessa forma, a administração sob o ponto de vista do executivo de alto nível.

4. Na concepção de sistemas fechados, as organizações existem de maneira independente e isolada; não necessitam de nada nem se preocupam com nada além da própria atuação. Como sistemas abertos, as organizações atuam em um ambiente, realizando trocas com o meio em que vivem, sofrendo influências e sendo influenciadas por ele.

5. a

Capítulo 4

Questões para revisão

1. Verdadeira

2. c

3. d

4. Independentemente do aparato tecnológico da empresa, o profissional com inteligência de mercado é responsável por buscar as informações corretas e dar a elas uma interpretação que permita as melhores tomadas de decisão, baseadas nos dados coletados.

5. O alto escalão da empresa deve não somente usar e abastecer o sistema de informação como também mostrar verdadeiro entusiasmo pela matéria em

questão, uma vez que isso irá incentivar os demais colaboradores a também utilizá-lo.

Capítulo 5

Questões para revisão

1. Falsa
2. Verdadeira
3. As organizações podem ser classificadas de acordo com o setor de atividade comercial em que atuam (primário, secundário ou terciário), a composição do seu capital (público, privado ou misto), o seu porte (micro, pequeno, médio ou grande) e a finalidade de sua atuação (com ou sem fins lucrativos).
4. As organizações são algo presente na vida cotidiana, desempenhando papel imperativo na sociedade moderna. O homem moderno não só passa a maior parte da sua vida dentro das organizações, como também depende da atuação delas. É nas organizações que o homem vive e trabalha, socializando-se e aprendendo. Além disso, as diversas necessidades dos seres humanos são atendidas pelas organizações, sejam essas necessidades físicas, sejam materiais, sejam sociais ou psicológicas (entre outras).
5. Verdadeira

Capítulo 6

Questões para revisão

1. Verdadeira
2. b
3. b
4. A departamentalização por função consiste na divisão e no agrupamento das atividades de acordo com a tarefa e a responsabilidade a que se destinam. A departamentalização por produto segmenta de acordo com os resultados finais da organização, ou seja, segundo os bens e serviços a serem disponibilizados ao mercado consumidor. A departamentalização por localização geográfica separa segundo a localização onde o trabalho será realizado ou mesmo a área de mercado a ser atingida pela organização. A departamentalização por cliente divide de acordo com o consumidor final a ser atingido pela organização. A departamentalização por processo reparte em torno do processo produtivo a que se destina. Por fim, a

departamentalização por projeto concentra as atividades organizacionais de acordo com as necessidades de entrada, execução e saída de cada projeto específico.

5. A organização ou divisão vertical se refere à hierarquia, ou seja, aos diferentes níveis de autoridade e subordinação dentro da organização. Já a organização ou divisão horizontal se refere à departamentalização, isto é, à separação de diferentes grupos de trabalho de acordo com critérios distintos.

Capítulo 7

Questões para revisão

1. d
2. f
3. d
4. Não. A busca de fornecedor externo geralmente se refere à procura de parceiros capacitados para prover os insumos produtivos da organização, que são todos os materiais necessários para que, durante o processo de transformação, sejam convertidos em produtos finais. São exemplos: matérias-primas, mão de obra, energia, capital financeiro, informações, entre outros. Já a terceirização consiste na transferência de uma ou mais concentrações de atividades para parceiros especializados nessas funções.
5. A organização linear se baseia no princípio da autoridade única, com hierarquia rigidamente definida, centralização de poder e decisões e relações formais de comunicação. Por outro lado, a organização funcional tem como base a autoridade funcional, hierarquia baseada na especialização, na descentralização de poder e nas decisões e relações diretas de comunicação. A organização linha-*staff* consegue juntar essas duas formas de organização, associando as características da organização linear aos órgãos de execução e da organização funcional aos órgãos de apoio (*staff*).

Capítulo 8

Questões para revisão

1. Falsa
2. a
3. e
4. Gerar valor para o consumidor final

5. Logística interna, produção, logística externa, *marketing* e vendas, serviços; infraestrutura da empresa, gerência de recursos humanos, desenvolvimento de tecnologia e aquisição.

Capítulo 9

Questões para revisão

1. Verdadeira
2. b
3. a
4. Porque assim que termina a avaliação de um processo já se inicia outro, do início do processo, e que via de regra está diretamente ligado ao processo anterior.
5. Levantamento da situação atual.

Capítulo 10

Questões para revisão

1. Verdadeira
2. b
3. e
4. Manual do empregado.
5. Política de relacionamento entre os departamentos.

Sobre os autores

Taís Pasquotto Andreoli

é formada em Administração pela Universidade Estadual de Maringá (UEM) e mestre em Administração, com linha de pesquisa em Marketing, pela Universidade de São Paulo (USP). Tem experiência docente no ensino superior em instituições públicas e privadas na área de Administração. Tem vários artigos apresentados em eventos nacionais e internacionais e pesquisas publicadas em revistas acadêmicas e livros.

Fernando Rossini

é formado em Comunicação Social (Publicidade e Propaganda) pela Universidade Metodista de São Paulo (Umesp), com MBA em Marketing pela Universidade Nove de Julho (Uninove) e Mestrado em Administração pela Universidade de São Paulo (USP). É professor universitário nas áreas de *marketing* e estratégia, consultor de pequenas e médias empresas nas áreas de processos, finanças, treinamento e *marketing* e editor de um portal sobre esportes (Em Cima da Linha).

Impressão: Gráfica Exklusiva
Fevereiro/2022